求是编·王学质疑
点校注释本

钟世娟　校注

河北出版传媒集团
河北教育出版社

图书在版编目（CIP）数据

求是编·王学质疑点校注释本 / 钟世娟校注. -- 石家庄：河北教育出版社，2020.11

ISBN 978-7-5545-6111-9

Ⅰ. ①求… Ⅱ. ①钟… Ⅲ. ①王守仁(1472-1528)-哲学思想-研究 Ⅳ. ①B248.25

中国版本图书馆CIP数据核字(2020)第206797号

求是编·王学质疑点校注释本

QIUSHIBIAN WANGXUE ZHIYI DIANJIAO ZHUSHIBEN

校　　注　钟世娟

策　　划　王艳荣
责任编辑　王　磊　张柳然
装帧设计　优盛文化
出版发行　河北出版传媒集团
　　　　　河北教育出版社 http://www.hbep.com
　　　　　（石家庄市联盟路705号，050061）
印　　制　定州启航印刷有限公司
开　　本　710mm×1000mm　　1/16
印　　张　16.25
字　　数　183千字
版　　次　2020年11月第1版
印　　次　2020年11月第1次印刷
书　　号　ISBN 978-7-5545-6111-9
定　　价　59.00元

前　言①

明以降至今，王学（阳明学）作为儒学后世发展中最活跃的因素一直受到后世儒者的追捧，其起跌、绵延，至今不绝于耳。王学在中国，亚洲，甚至整个世界都产生了很大的影响。目前，学界对王学的研究已经形成一个庞大的体系，其深度及广度不断拓展。但在这个体系中，对王学批评的研究仍显不足。虽然相关内容也散见于论文、论著中，但总体来说，远不能与当下王学研究的地位相匹配。

实际上，王学的发展伴随着质疑和批判，这种声音自王阳明提倡致良知说的盛期已经出现。至晚明清初始，王学经历了一个由盛而衰的过程，王阳明及其阳明学派一度受到猛烈的批判和攻击，对王阳明及其学说的批判已经成为一种必要的学术传统，更由此形成明清思想的一条重要线索。从学术客观发展的角度来讲，我们不能刻意忽视这门学问和思想曾经遭受过的如此多的批评和非难。相反，我们应该在对王学批评的研究中，获得对王学的更进一步的深刻认知，理解其对时代发展的真正价值和意义。

已有文献中也有若干对王学批评史进行了梳理且质量颇高的文献，如日本学者佐藤錬太郎《明清时代对王学派批判》、

---

① 本书为2018年江西省高校人文社会科学研究项目之青年项目《张烈<王学质疑>点校及其思想研究》（项目批准号ZX18202）的阶段成果。

罗高强《关于王学批评的考察及反思》、姚才刚《略论明末清初的王学修正运动》等，对后来的研究是很好的借鉴，但因为篇幅所限，并未能对某一个案进行深入全面的剖析。而笔者在对阳明思想的研究过程中，注意到了对阳明学所持的两种不同态度，对冯柯、张烈这两位批评王阳明甚猛的大将产生了兴趣，并尝试申报科研课题。2018年，《张烈〈王学质疑〉点校及其思想研究》获得江西省高校人文社会科学研究项目之青年项目的立项，激励了我着手开始相关研究。《求是编·王学质疑点校注释本》即为该课题的研究成果。

一

冯柯（1523—1610），字子新，号宝阴，别号贞白。浙江慈溪人，著有《三极通》《质言》《求是编》等。其中，《求是编》是历史上首次对《传习录》作注的著作，也是首次对《传习录》进行批判之作。据冯柯说，著述《求是编》时正是阳明心学盛传之际，“此说浸淫日久，海内高明之士类，入于其樊而不能脱”。《求是编》的刊刻在当时得到了部分反对阳明心学者的狂热追捧。据冯柯之子冯炷记载：“全书出，以观，人人无不奉若枕中鸿宝者，《求是编》争相传写。”《求是编》当时刊刻的影响可见一斑。在阳明心学成为学术思想主流的背景下，有一个非议的责难声出现，无疑对全面认识明代阳明心学具有重要的价值。它的出现为研究阳明心学在隆庆、万历间的学术思想交流与争论、碰撞与融合，提供了一个新的视角。但是，目前学术界对冯柯其人、其思想的研究几乎空白。中国台湾学者林月惠2000年在台湾《中国文哲研究集刊》第十六期发表《非〈传习录〉：冯柯〈求是编〉析评》，应属研究冯柯的第一位学者。其通过研究指出：《求是编》是“第一本非《传习录》之作”。而在大陆学界，仅有姚文永《浅谈〈求是编〉的史料学价值》一文。对冯柯其人及其思想的研究还存有很大空间。笔者选择《求是编》进行点校注释，主要基于以下四点：

第一,《求是编》的出现真实反映了阳明心学产生的影响。这一影响在正史与王阳明及其弟子的文集传记中都是从赞美的角度着眼的。从一个反对者的角度去审视，别有一番意味。从学术倾向上说，冯柯是崇信朱熹的，《求是编》的取名就是因朱熹的话而来。阳明学产生之后，影响极大，“有志圣学者，和阳明而异朱子，且十八九”。《明史》更毫不讳言：“嘉、隆而后，笃信程、朱，不迁异说者，无复几人矣。”冯柯完成《求是编》大约在万历癸酉（1573）。此时，阳明之学已风行天下，刊刻《求是编》，是冯柯对阳明及其后学的不满与直接回击。

第二，保存了时人对阳明心学不满的资料与评论。任何一部著作的完成都会有时代的烙印，《求是编》亦然。《求是编》集中了众多不满王学学者的观点，只是通过冯柯一人表达了出来。在良知的诞生源头、王阳明的佛学立场等方面，冯柯均提出质疑，借此阐释了王阳明心学的不合理之处。

第三，为我们客观认识王阳明心学提供了一些有价值的材料。《求是编》成书后，由于种种原因，没有受到王学研究者的重视。不重视并不表明它一无是处。陈荣捷认为，是书“专意证诸攻王。等已于孟子之辟杨墨。然亦有其是处”。冯柯对王阳明整个体系都有批判，虽多处有待商榷，然亦有闪光处。冯柯虽有对王阳明心学体系的不满与嘲讽，但从其论证而言，也不是没有道理的，甚至可以说在某些方面抓住了王阳明的学术漏洞。冯柯所言是我们全面认识王学不可或缺的参考资料。

第四，在《求是编》中，也流露出当时朱陆学者的思想交流与碰撞。从思想的发展进程而言，程朱理学发展到元明时期，呈现给人们更多的是一种客观而纯粹的价值体系，而不是探究终极目的的园地，其前进动力和发展空间均不甚明朗。明代王学作为时代的新思潮有其客观必然性，但必然会引起旧思潮的不满，不满之后，便是交流与融合。虽然冯柯在诸多方面对《传习录》表达了不满，但通过其气势汹汹的表象，依然可以看到其客观而冷静的一面，此一面多是交流与碰撞后的融合。如冯柯赞同心即性说，不赞同析心与理为二，冯柯也注意到性乃活动之理，此均为王阳明心即理说的前提。当然，作为反对者代表出现的冯柯不可能完全接受王阳明心学，至少我们看到了他们的碰撞与吸收、论争与借鉴，这也是学术发展的必然。

综上所述，冯柯对阳明心学的质疑为我们提供了一个认识王阳明心学的不同视角，为我们展现了那个时代官方主流思想的思想画卷，其价值和作用自然不言而喻。可以说，冯柯思想的研究对我们全面了解阳明心学、了解明代学术思想史都具有不可或缺的作用。

其对王阳明学说的批判主要从以下两方面入手：

第一个方面，质疑良知的诞生源头。冯柯说："慈湖之学在不起意，以为意不起则性定而动一，故其所称说，辄倦倦于《易》无思、子绝意，而务持守于意能未动之先，以自为学。若阳明之致良知，则是即其心之所起以为善而直从之，将必有孽孽夺宗，认贼作子者，此世所以多小人而忌惮也。今以彼一心学，此亦一心学而概同之，过矣。"冯柯认为，杨简（慈湖）为陆九渊高弟，以"意不起"而"性定"为宗，并归结为"《易》无思、子绝意"之意。阳明良知之学以"意"为"心之所起"入手，并以"善而直从之"为途径与目的，大不同于慈湖之说。其具体区别为：第一，慈湖主张"意不起"，即不起意，而阳明主张“心之所起”，即起意。第二，慈湖“意不起”，故“性定”，阳明“心之所起”，故有善恶之说，但阳明又以“善而直从之”，此未必能消除恶的先验性与经验性，故善是否为真善有待商定。第三，慈湖与阳明同为心学后学，但殊途而不同归。

第二个方面，质疑王阳明的佛学立场。冯柯认为，阳明没有真正区分“吾儒”与“佛氏”之别，并以阳明自己的话为证。阳明曾言，佛氏与吾儒有许多相似之处，然归之日用，佛氏常常不能圆润无缺。又说，二氏之学，在心性之学上与吾儒相差不大，但过于注重虚静，难以应于实践，治理国家。冯柯以此批评阳明在儒、佛上的矛盾观点。其实王阳明的观点并不矛盾，对儒、佛的区别也是深有见地的。但王阳明的确有引二氏入吾儒的倾向与事实，惜冯柯并未指出。

冯柯通过以上批判，达到了两个目的：一是他要说明王阳明与杨简的不同，表明象山之后心学内部的不和；二是他在证实阳明心学与佛学有牵连，从而得出阳明心学在学术上非正统的结论。冯柯通过对朱陆异同、尊德性与道问学的为学方法、朱子晚年定论、心即理、良知与知行、格物致知与诚意等诸问题的一一辨析，阐释了王阳明心学的不合理之处，并以此断定其不合正统。

二

在学者有关王学批评的研究中，无一例外地提到了张烈这一反对王学的大将。这是因为在清初大张“尊朱斥王”旗帜的队伍中，枪火最猛烈的大概要首推张烈。张烈对王阳明及其学说的攻击起因于清朝编修《明史》。康熙十八年（1679），张烈作为纂修人员之一，反对史馆总裁徐乾学、监修徐元文兄弟于《明史》中立《道学传》的提议，并愤而撰写《王学质疑》，一时间“凡宗洛闽之学者，皆奉为圭臬”。这部《王学质疑》经过刊印广为传播，成为反对王学的范本，影响极大。但学术界目前对张烈的思想及其所著《王学质疑》的关注并不多。

《王学质疑》攻击王学的大胆程度得到了当时很多人的声援与称赞，尤其是陆陇其、张伯行在刊印、传播《王学质疑》上居功至伟。陆陇其与张烈多有交往，张烈赠给他《王学质疑》一卷。陆陇其看后，称赞不已，认为此书“言良知之害至明至悉，不特尽扫龙溪、海门之毒，而凡梁溪之所含糊未决者一旦如拨云雾见白日”。张烈死后，陆陇其刊行《王学质疑》。此后，他便不失时机地向那些调停程朱、陆王的学者推荐、赠送此书。稍晚于陆陇其，康熙年间另一位尊奉程朱理学的名臣张伯行对《王学质疑》评价也相当高。张伯行并没有见过张烈，他是通过阅读陆陇其的文集才了解张烈及其《王学质疑》的。在福建巡抚任上，张伯行建鳌峰书院，广置书籍，刊刻《正谊堂全书》，其中就有《王学质疑》。张伯行对《王学质疑》评价甚高。作为康熙时期一位享有“清正廉洁”声誉的著名理学名臣，张伯行对张烈及其《王学质疑》的表彰无疑具有风向标的意义。正是陆陇其、张伯行的推广使张烈的《王学质疑》影响渐广，并成为当时尊朱斥王的范本教材。

对清初学者影响如此之大的《王学质疑》，目前却仍没有人进行点校出版工作，仅能查到福州《正谊堂全书》及《四库全书存目丛书》中收录的古籍版本。因为古文不加标点的特殊性，学者阅读起来晦涩艰辛，给研究工作增加了不少阻力。对《王学质疑》进行点校并注释，相信对张烈及王学批评的研究必大有裨益。总结来看，至少有如下意义。

第一，推动阳明学研究的进一步发展。

针对王学的批评甚多，大致可分为四个方面：一是在学术影响上，阳明及王学表现为欺己诳人与祸国殃民；二是在学术形象上，王学是阳儒阴释；三是在学术方法上，王学存在着误解经典的过失；四是在学术宗旨上，王学立言有误。这些批评自然来自对王学的反思。对这些批评进行反思，无疑能够帮助我们从另外一个角度去看待阳明学，获得更全面的认知。

而从张烈来说，他对王阳明学术思想的核心内容主要从“心即理”“格物致知”“知行合一”这三个方面批驳，可谓深入王学的内在核心中。

关于“心即理”，王阳明主张无心外之物，无心外之理，“心”是一切事物存在意义的本体。张烈则认为王阳明混淆了“心”与“理”的不同，“心 ”只是感知事理的载体、媒介，“心即理”的提法如同将口等同于食物的美味，将眼睛等同于所看到的颜色，将耳朵等同于所听到的声音，其后果是放弃学问思辨、蔑弃礼仪、骄矜自大。

关于“致知格物”，朱熹的途径是通过身体力行去研究事物的规律，或间接地从书本上读书穷理，获取前人的经验和知识。王阳明的“格物”之物指心之物，所谓“无心外之理，无心外之物”，格物便是格心，是去恶归善。张烈以辨别银子的成色、看病进行比喻，认为王学离开“格物致知”的“诚意”必然寻求不到真正的“天理”。张烈认为只有了解银子成色的好坏，才能用好银，只有知病、知药，才能看好病。

关于“知行合一”，程朱都强调知先行后，将知、行分别对待，认为只有真知，才能真行。但目睹了乡愿和假道学的王阳明提出了知行合一的主张，认为“知”亦是“行”，“行”亦是“知”，主张“致良知”，强调内外一致。张烈批评王阳明“致良知”说是“牵入佛家”“明明供出从佛来”，认为王学这一提法的最大危害是“借此以师心自用，借此以畔道离经，借此以破灭礼乐名物，凭陵睥睨，莫敢谁何，而后奸私凶狠得以恣肆而不顾”。张烈甚至将王学比拟为秦朝焚书坑儒之祸，是“学术杀人”，而且危害后学。

点校《王学质疑》，认真研究张烈的思想，站在反对者的角度，理清张烈反对王学的逻辑，必然加深对阳明学说的理解。

第二，是理清明清思想发展的一条重要线索。

1. 从张烈批王思想的根源入手，理解清初王学批判思潮发生的大背景。关于清代儒学界何以对阳明学说如此批判的原因，学者存在不同看法。如梁启超曾分析认为顾炎武等清代学者批判阳明学说的真正原因是他们意图重振古典经学。对清初学者来说，清代考据学的兴起是对宋以来近五百年的儒学提出质疑和批评，而非仅针对王阳明。而学者刘仲华的观点是，当时政治层面的需要推动了尊朱斥王的盛行。清军入关后，在以军事武力手段推进统一进程的同时，清政府也开始借助思想武器，稳定局面，拉拢广大的汉人士大夫，竭力重建学统与道统，以尽快确立取代明朝后在全国统治的合法性，而理学道统便成为朝廷构建意识形态的重要工具。在此背景下，王学的命运似已注定。孰是孰非，需要进一步研究。

2. 从张烈的思想入手，探查张烈及其代表的批王思潮对明清思想发展轨迹的影响与价值。对王学的批评在明末清初成为一股重要的思潮，影响广泛而深远。很多明清思想家都是在批评王学的基础上形成自己的观点。如罗钦顺、陈建、黄宗羲、王夫之、李贽等人，均属此例。而如前所述，张烈实属那个时代反对王学的急先锋，言辞大胆激烈。《王学质疑》刊刻之后，很多人都受其思想影响，从而也改变了整个明清的思想发展历程。这一影响也需要进一步研究。

综上所述，本书出版的一个基本出发点是，王学批评是阳明心学研究的必要组成部分。自王阳明“龙场悟道”至阳明心学占据中晚明时期思想界的主流地位，智慧的星光终燎原成众人的心火。作为与程朱理学相对立的学说，阳明心学优势地位的取得其实并不容易，甚至可谓漫长艰辛。阳明心学形成之初，质疑、打压即相随相伴，直至其发展的鼎盛时期也仍然争议不断。非议与责难者的声音为研究明代朱子学与阳明心学的交流与争论、碰撞与融合提供了一个新的视角，对全面认识阳明心学具有特殊的意义。本书对明清之际两位抨击阳明心学的思想家的古籍名篇——明代冯柯《求是编》及清代张烈《王学质疑》进行点校，合并出版，以利于现代学者的阅读及学术思想的传播，利于全面了解阳明学传播过程中的阻力及其终于成为学术主流的魅力。

本书中涉及王阳明之言，均参照上海古籍出版社2018年版《王阳明全集》校对，并标明页码。原古书中的随文夹注，在本书中均用仿宋字体排印。限于本人水平，文中必有许多不足，恳请专家、学者指正。

钟世娟

2020年9月

目　录

求是编

〔明〕冯柯　撰

序

序　一

慈溪冯景贞氏，督学闽中，雅与余相善也。间尝论及学问，似不以近世良知之说为然者。余心异之，以为此说浸淫日久，海内高明之士类，入于其樊而不能脱。而景贞氏独有以自异，此其见必有过人者，非苟而已也。巳[①]，景贞氏出其先尊人贞白公《求是编》示余。余读之，盖专为明是学而作。其于王氏传习一录，章解句披，大者较黑白，细者析秋毫，其言甚辨。而确乃知景贞氏之学，盖自其家庭间授受所得，渊源远矣。

嗟乎！夫王氏之能，以其说易天下，而驱世以从己者，岂有异术哉？不过曰使人速得，自见其本心而已。顾其所得，仅虚灵发见之窍，而非性命从出之原。见谓[②]理由觉生

① 巳：古代计时单位，地支之一，指上午9时至11时。从文中看，“巳”应为“已”之误，意为“过一会儿，过一段时间”。

② 此处指王阳明认为。

而物不与，于是悍然斥“格物”为“义外”[①]。凡古人之言性言命，所谓秉彝物则[②]者，一切以良知目之。盖缘其用而遗其体，虽知有觉，而觉之所自来，与觉之所为则者，俱未及也。此其悟甚浅，其言绝不经见。而陋者乐其简便，反推为穷深极微之论。其弊使人以气为理，以觉为性，以人心为道心。高者止于弄精魄，其下则入于权谋捭阖而不自知也。盖迄今而流祸极矣。夫人惟真见此心之理，出于天而不可易，存于未发而不可离，然后戒谨恐惧以保之。而因物察则[③]，以循之用，能不失其本心之正，而合于天理之公。若仅仅觉从心起，理从觉造，则纵横颠倒，亦何所不可。至哉！惜乎王氏之有所见，而未暇反其本也。

当王氏时，其学尤盛行于吾江以西，独泰和罗整庵先生起而力辩之。而江以西之学者，莫能信也。盖学之难明久矣！贞白公生王公之乡，其时流风未远，独能卓然不惑，折之圣言，断以己见。若此，非夫豪杰之士，无所待而兴起者乎[④]？呜呼！孰谓一世之耳目可涂，而古今之学术可乱乎哉？余读之，不胜慨然，因序而归之景贞氏。

万历辛亥仲春月上戊日

赐进士福建等处提刑按察司按察使高安陈邦瞻书

---

① 义外：源于《孟子·告子上》中孟子与告子有关义内义外的辩论。告子曰：“食色，性也。仁，内也，非外也；义，外也，非内也。”“义外”的本义即向外求义。告子认为，性无善恶，道德外在，故应求之于外。这一观点为主张道德内在、仁义内求的孟子所不容。在儒家思想史上，告子历来都是被批判的对象。

② 秉彝物则：语出《诗经·大雅·烝民》：“天生烝民，有物有则，民之秉彝，好是懿德。”

③ 则：原则。

④ 出自王阳明《传习录·答顾东桥书》：“非夫豪杰之士，无所待而兴起者。”

序　二

《求是编》者，贞白冯先生证学之所为作也。学匪修无实，匪悟无灵，匪参稽远，印以定于一而不离其宗，又不能无谬。先生怖其谬也，故必求其是。人有好异，人有矜胜，先生曰："我求是焉而止，何知其他？"先生之心苦矣。而畸于《传习录》之为，斤斤何哉？昭代[①]之学，薛醇[②]、胡笃[③]、陈[④]近微，而新建[⑤]近大[⑥]。又迩来[⑦]坛坫[⑧]强半拾《传习》口角而扬其波，则姚江之是非定，而此学始明。此胡泄泄[⑨]而可也。王氏之建鼓一代者，非致良知乎？剜孟子，去其

---

① 昭代：政治清明的时代；常用以称颂本朝或当今时代。

② 薛醇：指薛瑄，恪守程朱理学。醇，指学术纯正，见黄宗羲《明儒学案》之《河东学案》。

③ 胡笃：指胡居仁。

④ 陈：指陈献章，人称白沙先生，是胡居仁的学生。胡居仁是理学向心学的过渡人物，陈献章开始转向心学。

⑤ 新建：指王阳明，朝廷曾封其为新建伯。

⑥ 黄宗羲《明儒学案》之《白沙学案》中云："有明之学，至白沙始入精微……至阳明而后大。"

⑦ 迩来：近来。

⑧ 坛坫：这里指文人集会或集会之所，引申指文坛。坫，本义指古代设于堂中供祭祀、宴会时放礼器和酒具的土台。

⑨ 胡泄泄：指乱说。

能[①]；赘大学，益其良。文成[②]之慧[③]，复古本以笃初，而不避添除之显迹者，凡以砭考亭[④]之格物耳。考亭岂玩丧者？而不敢谓玩丧，不缘于广骛[⑤]，一主反求[⑥]，不为无谓[⑦]，顾格物必不可讳、不用讳也。立大孰与象山[⑧]，尝考索中夜矣，独何匿之深乎？格物，人原即是诚正，人离两伤，合双美已，不愿为广骛。乃不嫌仙、不嫌释并不嫌恢诡谲怪附丽起者，方不惮矫恣以盖其不物之躯，而犹号于人曰："我学固如是。"吁！兹大也，不乃其所以庞耶[⑨]。先生谓其不儒、不仙、不佛，非求多政，求是也。求是奈何？读书穷理，而言语文字之外别有用心处。先生之写晦翁[⑩]，乃其自况欤！先生著述，种种深眇[⑪]，如《三极通匡济》，如《宗藩训典》。而力扶一代之正学，莫大于此编。先生仲子居方[⑫]，氏[⑬]督闽中学，翻刻以式闽士，闽之士颙卬[⑭]焉。一新

---

① 能：指"良能"。

② 文成：王阳明谥号。

③ 慧：此处指王阳明狡猾，借恢复《大学》古本为由，添上自己的意思，实讽刺朱熹的格物说。

④ 考亭：朱熹的别称。考亭村位于福建南平，为朱熹晚年著述讲学之地，考亭书院是南宋时全国最有影响的书院之一。朱熹在此创立了考亭学派，成为"闽学"之源。

⑤ 广骛：指纵横交错，言朱学广博读书，道问学也。

⑥ 一主反求：意为一心反求良知。

⑦ 无谓：无谓之说。

⑧ 象山其说的特点，就是"立大"。

⑨ 此句意为批评王阳明思想虽大，但什么都夹杂在里面。

⑩ 晦翁：即朱熹。

⑪ 深眇：深远，深奥精微。

⑫ 居方：冯柯第二个儿子的名字。

⑬ 氏：代表居方。

⑭ 颙卬：形容气度不凡。

于此学[①]，而讵闽之专承之也[②]？居方行部清源，持以见示，僭题末简。呜呼！此岂好异矜胜者所能一二哉？

时万历壬子岁春王三月清明日

分巡兴泉道福建按察司副使晚生金溪张廷相顿首拜书

① 一新于此学：指有新意。

② 讵：难道，表示反问。此句意为不应局限于福建这个地方。

序　三

子朱子闻居敬穷理之绪于洛[①]，使静为动根，目为足君，两者相御以成，合内外之道，冥搜[②]遐瞩[③]，图变设权，一言蔽之：宜不敬若[④]？故自谓素所论著，道问学为多，而有发愤刊落[⑤]之想，习者不察，遂谓书可尽言，迹可为履，心之精神陆沉[⑥]楮墨[⑦]，封紫阳[⑧]之半疆，籍洙泗[⑨]之广宇，非作者过也。道未坠地，姚江乃兴，隐显互融，智圣交彻。三极五常，六经百氏，如鉴写形，如金入冶，复其见仲尼之心乎？革言三就巽权[⑩]，是仪窃国之资，虞在圣智吐茹[⑪]之际，戛戛乎其难之也。守宝不慎，倒阿借从

① 洛：二程之学又称为“洛学”。

② 冥搜：尽力寻找搜集，深思苦想。

③ 遐瞩：远眺，远望。

④ 若：表示疑问。

⑤ 刊落：删掉、删削文字。

⑥ 陆沉：意为钻到书里去，但有愚昧迂执、不合时宜之义。

⑦ 楮墨：意思是纸与墨。借指诗文或书画。

⑧ 紫阳：朱熹的别称。

⑨ 洙泗：即洙水和泗水。古时二水自今山东省泗水县北合流而下，至曲阜北，又分为二水，洙水在北，泗水在南。春秋时属鲁国地。孔子在洙泗之间聚徒讲学，后因以“洙泗”代称孔子及儒家。

⑩ 革言三就巽权：出自《周易》：“革言三就，又何之矣。”是说变革形势已形成，你还能往何处去。革言三就，出自革卦。巽权，为“巽以行权”（语出《周易·系辞下》）的概括，指处事灵活而无不合宜。此处“权”意指王阳明的变通。

⑪ 吐茹：吐刚茹柔。比喻为政的宽严。

狭主分驱，具曰："予圣君子。"曰：与其为恣睢[1]也，无宁为桎梏。"圣人不死，大盗不止"[2]，柱下[3]激乎哉？其以救世也。《传习》者，王氏之权书也。夫权，所以奉实，亦所以隳[4]实也。奉之也，见以为浴日；隳之也，见以为履霜。此慈溪冯贞白先生《求是编》之所为作也。夫是非者，有在无在，无在有在，恶乎可求，恶乎不可求。善求之是非，药也；不善求之无是非，病也。夫延历之术，何必不伤生？而糜肠之药，何必不已毒哉？愿所治谓何耳？治在外义。《传习》主之以溯紫阳之源治在师心；《求是》主之以捍姚江[5]之委。今之不可无《求》，是犹昔之不可无《传习》也。犹之不可无也，虽曰非之也何伤？逖[6]之而亲，坏之而成，使怒胜思，用寒伐温，损于昭昭，益于冥冥。由斯以谈庄叟[7]之尊素王[8]，岂独在孟氏后耶？故君子无是非之情，而后可以有是非之权。权合于无心，而情生于有我。此善不善之辨也。先生之传书，其在求是乎？其功洙泗，与姚江略相当矣。仪部君景贞者，先生守嗣也。辛卯余将入燕而识君于阜城之舍馆，明年君偕余侄体中成进士，而以是编嘱余为序。余方情

① 恣睢：放纵、骄横的样子，放任无拘束。

② 这是庄子一个非常著名的论断，出自《庄子·胠箧》，意思是圣人的学说及影响一直存在的话，像盗跖那样的大盗就一定会不断地产生。

③ 柱下：相传老子曾为周柱下史，后以"柱下"为老子或老子《道德经》的代称。

④ 隳：毁坏，崩毁。

⑤ 姚江：指王阳明。

⑥ 逖：远。

⑦ 庄叟：指庄子。

⑧ 素王：孔子的别称。素王一词最早出现于《庄子·天道》："以此处上，帝王天子之德也；以此处下，玄圣素王之道也。"原意是指有圣王之德与才、无圣王之爵与位的人。孔子被称为素王，始自汉文帝时期的《淮南子》一书。

求先生而私是传习①，踌躇而不敢应者数四。不得已而箧之，十有六年，转徙于是非之情者，无虑十返②。而后知先生之于姚江，莫逆也，乃使楮生③受辞，因体中函④而归。君⑤以为窃姚江之权者，惧焉。

万历丁未孟秋月吉

赐进士出身翰林院国史编修皖舒后学吴应宾顿首拜撰

---

① 私是传习：意为自己私心里是肯定《传习录》的。

② 无虑十返：差不多在是与非之间考虑过十次。

③ 楮生：一般指楮先生，纸的别称。唐代韩愈《毛颖传》："颖与绛人陈玄、弘农陶泓及会稽楮先生友善，相推致，其出处必偕。"将笔、墨、砚、纸拟人化，称纸为楮先生，后遂以楮先生为纸的别称。

④ 中函：藏蓄的内心。

⑤ 君：指冯柯。

序　四

贞白公，予大父行[①]也。生与予同甲[②]，稍长，同席研书，指为青云交[③]，及壮而游庠校。予愧先第，而公日以著述为事。晚[④]，贤良应诏[⑤]选复罢阁，小试襄藩[⑥]，幸裁训典，未及进呈，而以病请告矣，尚安得谟谋[⑦]庙廊以行所学也！号锡贞白，若曰陶隐居[⑧]云。初余归金陵，公[⑨]拿舟过访，朝夕议论欢甚，因叩竭来所撰著，出《求是编》示予。予受读，见每段辄疏阳明先生《传习录》之语于前，而伸己之辩于后，亹亹[⑩]数千百言不置[⑪]，笑谓之曰："昔屈原《离骚》，扬雄《反骚》[⑫]；左思《招隐》，陆珺《反隐》[⑬]；左丘明《国语》，

① 大父：祖父。行：行辈，指长辈。

② 同甲：同一个甲子年。一个甲子六十年。从后文看两人年龄相仿。

③ 青云交：谓同有高远之志的友谊。

④ 晚：晚些时候。

⑤ 贤良应诏：古代有推举制，此处指因其贤良而被推举。

⑥ 小试襄藩：明代实行封藩制度，襄藩王是众多藩王之一。此处指到藩王这里谋职。

⑦ 谟谋：谋划。谟，计谋、策略。

⑧ 陶隐居：指陶弘景。字通明，自号华阳隐居，隐居于山中。南朝梁武帝每有事，派人去询问，人称"山中宰相"。死后谥号为贞白先生。冯谦认为冯柯可与陶弘景相比。

⑨ 公：指冯柯。

⑩ 亹亹：形容勤勉不倦，向前推移、行进。

⑪ 不置：不停止。

⑫ 《反骚》：扬雄有《反离骚》之作。

⑬ 《反隐》：指《反招隐》。

柳宗元《非国语》。文人相轻，往往持坚白[①]而不下，盖有意于求胜也。公之为此编也，何居？”公輾然[②]曰：“吾何敢求胜哉！凡以求是也。知我者，谓我求是；不知我者，谓我求胜。盍[③]为我序之。”予应之曰：“夫道一而已矣，而言道者二之。有是焉，有非焉，非非者近乎讪，是是者近乎谀。阳明先生之言，恐未可厚非也。”记曰[④]：“众言淆乱折诸圣。”[⑤]圣人之不作也久矣，予安知是者之是而非者之非乎？非者之是而是者之非乎？又安知是是者之是而非非者之非乎？故指璞而示卞子[⑥]，卞子曰：“玉斯玉矣。”持马而示孙阳[⑦]，孙阳曰：“千里斯千里矣。”《传习录》与《求是编》，故在也。观者不徒曰《录》之言是也，《编》之言非也，又不徒曰《录》之言非也，《编》之言是也，不主以先入之是非，而静观真是真非之所在，以合于圣人之道，则于二书之是非，犹冯河[⑧]济之滨，而清浊不相掩也。余座主[⑨]石麓相

① 坚白：出自战国时名家公孙龙的“坚白之辨”，此处用以代指只强调事物的一个方面，而否定其他方面。

② 輾然：开怀大笑的样子。出自《庄子·达生》。

③ 盍：何不。

④ 记曰：记得有人说过。

⑤ 出自扬雄《法言》：“或曰：‘人各是其所是，而非其所非，将谁使正之？’曰：‘万物纷错则悬诸天，众言淆乱则折诸圣。’”

⑥ 卞子：卞和（生卒年不详），又作和氏，春秋时期楚国人，是和氏璧的发现者。

⑦ 孙阳：传说中，天上管理马匹的神仙叫伯乐。在人间，人们把精于鉴别马匹优劣的人也称为伯乐。第一个被称作伯乐的人本名孙阳，他是春秋时代的人。由于他对马的研究非常出色，人们便忘记了他本来的名字，干脆称他为伯乐，延续到现在。

⑧ 冯河：徒步涉水渡河。冯，同“凭”，凭借、依靠。引申为有勇无谋、冒险行动。《论语·述而》：“暴虎冯河，死而无悔者，吾不与也。”孔子对有勇无谋的行为是不赞同的。

⑨ 座主：唐宋时进士称主试官为座主。至明清，举人、进士亦称其本科主考官或总裁官为座主。或称师座。

公[①]，当世之卞子、孙阳也，尝执此质之以目眵[②]，令侍史揭读一章而听之，则论孟子“尽心知性”章也，读毕谓予曰：“此段原却差些。”《录》差则《编》是，《编》是则公之为此书信，非求胜如文人之相轻，而学者循是以入焉。庶乎其不差矣，予何足以知之而言之？

时万历壬午秋八月既望

赐进士第中宪大夫、山西按察司副使、前南京礼部仪制司郎中、从侄孙冯谦顿首拜撰

① 石麓相公：指李春芳（1511—1584），字子实，号石麓。江苏兴化人，明朝名臣，内阁首辅。

② 眵：俗称“眼屎”。

江藩永斋殿下重刻《求是编》巾幅[①]书

宸涂[②]顿首启：顷者生有事新吴，幸锡珍集[③]，朝夕诵读，殊觉快心。第不肖残朽，胡不自量敢谈性命之学，秽渎亚圣之门，又不可无一言以通下执事，有辜良教。昔者阳明先生在敝省时，与生先王[④]情好，惟密旌节，枉顾讲谈终日，契若金兰，以督抚[⑤]交接郡爵[⑥]，无如此公友爱先王之厚也。故先长兄得亲受业，始终执门弟子礼。以后先王专择阳明门下高弟，命诸子孙咸从焉。在父兄庭训，师友设教，日以讲论古本为课，故夫新本改正为是，补辑乃非，皆罔觉也。今生幸得珍集，见《求是编》中以字义发明“亲”“新”之意，《听讼章》是释格物传文，体认真实，文理贯通，诸前贤所未发，使数千年圣经贤传粲然复明于世，乃曾、孟复出，程、朱当听命焉。非天下至诚，不能与于此矣。生出示诸友，无不钦仰，但古本久失其真，珍集非闾阎[⑦]易得，请以《求是编》中数章刻为巾幅，俾世世家传户诵，人人通晓，庶几门下新学化民之一助尔。稍待来年刊印完日，另专请教。兹闻道从

① 巾幅：巾，巾箱，古人放置头巾的小箱子。幅，宽度。古有巾箱本，指开本很小的图书，意谓可置于巾箱之中。

② 宸涂：朱宸涂，一位藩王，出资刻印《求是编》。

③ 珍集：指《求是编》。

④ 先王：指朱宸涂父亲。

⑤ 督抚：指王阳明的官职，其曾在江西任巡抚。

⑥ 郡爵：指王室子女。

⑦ 闾阎：原指古代里巷内外的门，后泛指平民百姓。

南旋，愧不能执门弟子礼听焉，怅然怅然。今特具疏，专申鄙忱，但识荆[1]之愿未审，遂于何时尔，翘首道旌，曷胜驰仰。

小阳月廿二日

宸涂再顿首

① 识荆：指初次见面或结识。出自李白的《与韩荆州书》："生不用封万户侯，但愿一识韩荆州。"

自　叙

丙寅春，郡博士张香山先生修齐创道，以柯学颇得源委，申请捐俸延之主会。时阳明王氏致良知之学盛行，凡讲学者莫不倚以为说。然亦非能真知其是与非也，附和而已。一日会中，乃有推之以方慈湖杨子者，柯应之曰："慈湖之学在不起意，以为意不起则性定而动一，故其所称说，辄惓惓于《易》无思、子绝意，而务持守于意态未动之先，以自为一学。若阳明之致良知，则是即其心之所起以为善而直从之，将必有嬖孽[①]夺宗，认贼作子者，此世所以多小人而无忌惮也。今以彼一心学，此亦一心学而概同之，过矣。"张公释然喜曰："是也！"因命笔之书以诏来世。而余谦让未敢，然心则固任之矣。乃庚午秋，痃疟至，辛未春，稍瘥，闭门养疴，人事阻绝。闲中意思亦甚安适，遂取代行《传习录》，沉潜根究，得其可疑者章为辩驳以要，于是成此编。云：昔孔子没而杨墨之言盈天下，孟子辞而辟之，而杨、墨息。孟子没，而佛氏之言盈天下，其为昌言以排之者，若原道而下，固已多矣。而佛氏卒未息，何哉？盖杨、墨心髓之害，在无父无君。孟子深探其故而针之砭之，门墙比之禽兽，推其祸之所极，至于率兽食人，人将相食[②]。故人视杨、墨之说如毒药猛兽，惟恐其为吾心术之害也而远去之，故其说遂息。佛氏

① 嬖孽：嬖，宠幸，嬖爱。孽，恶因、恶事、邪恶，指受君主宠爱的小人，如庶妾、宦官、庶子等。

② 人将相食：比喻统治者虐政害民。出于顾炎武《日知录》第十三卷："仁义充塞，则率兽食人，人将相食。"

心髓之害，固未易知而排之者，乃谓其颇聪明识道理，又谓其比杨墨尤为近理，又谓其知有极高明，又谓其只做得孟子尽心知性一段工夫，又谓其举体于喜怒哀乐未发之中，又谓其高过于《大学》，则名虽排之而实与之，其何以见其为害之甚而必当攻之乎？此其说之所以未息也。阳明固自谓得孟氏之传者，其于辟邪卫正之方，宜知之审矣。而其言乃曰："佛氏之教与孔子间相出入，而措之日用，往往缺漏无归。"又曰："二氏之学，其妙与圣人只有毫厘之间，而顽空虚静，要之不可以治家国天下。"夫苗由根生，流自源出。既佛氏之学与孔子相出入，与圣人只毫厘，而岂有措之日用，缺漏无归，不可以治家国天下者乎？观其缺漏无归，则知其教与孔子相出入者，固大相远者也。观其不可以治家国天下，则知其妙与圣人只毫厘者，固千里者也。盖佛氏惟知有其身而私之，故其学在明心见性，以出离生死为事，而其效极于涅槃，以成就自己。圣人则以天地万物为一体，而不私其身，故其学在克己复礼，以朝问夕死为可，而其效极于家齐国治而天下平。此其大致固甚悬也。呜呼！墨氏无父，而佛氏则弃亲而谷隐，曰"出家"矣，非无父乎？杨氏无君，而佛氏则遗人而立于独，曰"出世"矣，非无君乎？杨氏无君未必无父，墨氏无父未必无君。而佛氏兼无之，是合杨、墨而为一人也。杨、墨且为禽兽，合而一之者，其又何如？儒者不睹其害之若此，而徒心骇目眩于其超圣宏大之说。若有契于夫子之上达者，遂阴附而为之辞。而不知夫子固学而达者也，上律下袭，明物察伦，一腔之中洒然融释，随所证现，种种皆真。佛氏则离学以为达者也。彼所谓大圆镜中鉴照无碍者，不过存想之极，若有所见于恍惚微茫之中，如梦如幻以自诳者尔，而非真能无不知、无不见、无不闻也。然则儒释之辨，不于其用于其体，不于其粗于其精，而世恒昧昧焉。此《求是编》

所以不得已而作也。道无半和真妄当，究其指归心有极，则是非必剖其疑似。学者明于此编之说，则阳明不得同于慈湖，慈湖不得合于孔孟。而圣学之明、异论之息，端可冀矣。虽然非《国语》者，即以非《国语》名其书；非《非国语》者，即以非《非国语》名其书。其他疑孟之作、非相之篇，皆即以其所疑所非名。此编既非《传习录》而作，乃舍之，而名《求是编》。何也？盖晦翁尝言："讲诵义理，只是大家商量，寻个是处，初无彼此之间。"而象山亦言："学者求理，当惟理之从，岂可苟私门户？"阳明先辈也，先辈之言窃为拟议，固已偷矣。若遂以非名之，是妄分彼此而苟私门户也，可乎？故柯非敢非阳明，惟求其是而已。求其是则不得不于可疑者而论之。此余于《传习录》虽不敢非之，而不得不论之，不得不论之而终不敢以为非之也，惟求其是而已。呜呼！是名也，即晦翁之"寻是"，象山之"从理"，凡以自见其不得已之志也。而世其孰肯为柯谅之乎？虽以此获罪于阳明，被姗[①]于天下，吾无辞焉尔矣。

时万历癸酉春三月清明日

慈溪冯柯叙

同邑王黎[②]曰：程子[③]贻王介甫[④]书云"有未安不妨更相辨论，不有益于余，必有益于介甫"。此真平心易气之言也。况道本大公于天下，原非一家私议论。道者少有所偏，贻害不浅。如阳明公，文章不易及也，事功不易及也，独其偏于立教，淆乱圣言。世儒厌常喜新，

① 姗：同"讪"。

② 王黎：号心闻子，冯柯同乡。后文简称为王氏。——编者注

③ 程子：指程颐。

④ 王介甫：王安石（1021—1086），字介甫，号半山。

随声附和。不知其非，又安知其是乎？详玩此叙，发千圣传心之秘，破千古不决之疑，挽回人心关系世道，其功甚大。乃惓惓惟是之求，而不欲角胜于阳明，真可谓平心易气矣。即阳明公而在，谅所乐闻。

卷　一

亲　民

爱问："'在亲民'，朱子谓当作'新民'。后章'作新民'之文似亦有据。先生以为宜从旧本作'亲民'，亦有所据否？"

先生曰："'作新民'之'新'是自新之民，与'在新民'之'新'不同，岂足为据？'作'字却与'亲'字相对，然非'新'字义。下面'治国平天下'处，皆与'新'字无发明，如云'君子贤其贤而亲其亲，小人乐其乐而利其利'；'如保赤子'；'民之所好好之，民之所恶恶之，此之谓民之父母'之类，皆是'亲'字意。'亲民'犹孟子'亲亲仁民'之谓，亲之即仁之也。百姓不亲，舜使契为司徒，敬敷五教，所以亲之也。尧典'克明峻德'便是'明明德'，'以亲九族'至'平章'、'协和'便是'明明德于天下'。又如孔子言'修己以安百姓'，'修己'便是明明德，'安百姓'便是'亲民'。说'亲民'便是兼教养意，说'新民'便觉偏了。"

古人"新""亲"二字通用，《大学》"在亲民"以"新"

为“亲”也。《书》曰：“予小子其新逆。”以“亲”为“新”也。犹之《中庸》以“假”为“嘉”，以“显”为“宪”；《大易》[1]以“慎”为“顺”，以“烹”为“亨”，皆以字之通用故也。且不必远引，即如经文“知所先後”之“後”作“後”字，“物格而后知至”之“后”又作“后”字。夫“物格而后知至”一节，分明承上“先治其国”一节，则“后”固“後”意也。“後”“后”迭见于经文，可因“後”以知“后”。“亲”“新”错出于经传，可因传以知经。若“亲”字必据本文作“亲爱”之义，则“后”字亦当据本文作“君后”之义矣。而其说何以通乎程朱？不明古字通用之义，而但以考之传文有据为言见《或问》[2]，所以致阳明，岂足为据之论也。又云“作”非“新”字义。夫“作”固非“新”字义矣，然则有“亲”字义乎？以愚观之，“作”者“振作”，“新”者“更新”，义未甚别。若“亲”则绝不相类矣。阳明求其说而不得，乃以“亲贤乐利，如保赤子，民之父母”证“亲”字为切，而谓治国平天下之传，皆于“新”字无发明。夫孝弟慈以教家，非新民于家乎？事君事长使众，而使国之与仁与让，老老长长恤孤而使民之孝弟不倍，非新民于国乎？尧舜帅天下以仁而民从之，未有上好仁而下不好义者也，非新民于天下乎？阳明舍此大义不言，而取一二之近似者以证其说，亦已疏矣。且以亲其亲而为亲也，则贤其贤独不可以为新乎？一“亲”字尚足以为证也，而“日新，日日新，又日新”“作新民”“其命维新”，五“新”字反不足证乎？“作新民”不足以为“新民”之证，而“如保赤子”乃足据之以为“亲”乎？其他如“亲亲仁民”“百姓不亲”，凡经传中言及“亲”字者，辄引以曲证其说。孟子分明谓“君子之于民也，仁之

---

① 《大易》：即《周易》。

② 《或问》指朱熹注释《大学》的著作《大学或问》。

而弗亲”，今乃以“亲之”即“仁之”，何其敢于叛经也！独所谓“百姓不亲，契敷五教以亲之”似为略近，然如其说，则“亲”从五教中来，而亦适足以发明“亲”之为“新”耳。其于“亲贤乐利”等证，亦自相背，惟所引尧典及孔子一段为得其旨。至末又云：“说‘亲民’便兼教养意，说‘新民’便觉偏了。”则又不然。盖以经文所谓“明明德于天下者”推之，则“新民”者，原只是欲人之明，其“明德”也，本无兼“养”字之意。传文“絜矩”①之义，乃是推本②。欲明其明德于天下，必先推己以度物，使之各得其愿，而后可以兴起其善心，以明其明德，是高一层意，岂可因此而谓“新”字之偏哉？若必欲兼之，而以“新”为“亲”，则不但“新”字为偏，“明明德”之“明”字亦有格致诚正等目。“格致”于“明”字有发明，而“诚正”无发明。亦将嫌“明”字之偏，而思有以更之乎？故以“后”例之，而知“亲”之可“新”也；以“明”例之，而知“新”之不偏也，程朱之说不可易矣。

王氏③曰：据经而辨，反覆痛快悉中理解，使圣经贤传昭昭揭日月于中天。讵④惟程朱点头，即孔子、曾子亦拍手道是矣。

---

① 絜矩：法度。出自《大学》。

② 推本：探究，寻究根源。

③ 王氏：即王黎，后文同。

④ 讵：难道，岂。

知　止

爱问："'知止而后有定'，朱子以为'事事物物皆有定理'，似与先生之说相戾。"

先生曰："于事事物物上求至善，却是义外也。"

昔陆子静谓朱子读书讲求义理，正是告子义外工夫。朱子曰："不然。如子静不读书，不讲求义理，只静坐澄心，却是告子外义。"今阳明犹祖陆说以非朱子，岂其未闻朱子所以斥陆者乎？夫告子之外义所以见讥于孟子者，以"不得于言，勿求于心"[①]故也。孟子之所以异于告子者，以知言故也。读书讲求义理，非即所谓知言者乎？既以此为知言，则陆子斥朱子之义外者，失其旨矣。不读书不讲求义理，只静坐澄心，非即所谓"不得于言，勿求于心"者乎？既以此为"不得于言，勿求于心"，则朱子斥陆子之外义者，中其病矣。呜呼！陆子非特斥朱子为义外，又尝指其为禅宗，然渠非不知其非告子也。因己之有似于告子，恐为所斥，故先斥其读书穷理之功为义外以制之。亦非不知其非佛氏也，因己之阴用乎佛氏，恐为所指，故先指其无极太极之论为禅宗以沮之。卒之，义外、禅宗不得以加于朱子，而己不免焉，亦何益哉？

王氏曰：事事物物之理皆统于心，以吾心求事物之理，使事物之理皆明于吾心，安得为义外？此辨不惟中阳明病根，且中陆子病根，公是公非，晓然具见。

---

① 出自《孟子·公孙丑上》。

知　行

“若会得时，只说一个知，已自有行在；只说一个行，已自有知在。古人所以既说一个知又说一个行者，只为世间有一种人，懵懵懂懂的任意去做，全不解思惟省察，也只是个冥行妄作，所以必说个知，方才行得是。又有一种人，茫茫荡荡悬空去思索，全不肯着实躬行，也只是个揣摸影响，所以必说一个行，方才知得真。此是古人不得已补偏救弊的说话，若见得这个意时，即一言而足，今人却就将知行分作两件去做，以为必先知了然后能行。我如今且去讲习讨论做知的工夫，待知得真了方去做行的工夫，故遂终身不行，亦遂终身不知。此不是小病痛，其来已非一日矣。某今说个知行合一，正是对病的药。又不是某凿空杜撰，知行本体原是如此。”

阳明所谓“且去讲习讨论做知的工夫，待知得真了方去做行的工夫”者，盖指朱子言也。然朱子尝有言曰：“《大学》之书，虽以格物为用力之始，然非谓初不涵养践履而直从事于此也。又非谓物未格、知未至，则意可以不诚，心可以不正，身可以不修，家可以不齐也。若必俟知至而后可行，则夫事亲从兄，承上接下，乃人生所不能一日废者。岂可谓吾知未至，暂辍以俟其至而后行哉？”[①] 观此，则阳明之意，朱子已先得之。特阳明未加深考耳。然则知行本体，信如阳明合一之论乎？曰：《易》以乾坤分易知、简能，《孟子》以不学不虑分良能、良知。是可见知行本体原是两件也。然《易》则先之以易知，而《孟子》又先之以良能，是可见知

---

① 出自《朱文公文集》卷四十二《答吴晦叔》。

行虽是两件，而又不可截然分为一先一后也。所以《大学》既详为学之，次而朱子又发此段之言学者，诚于此身体而熟察之。则所以为知行者，自可以判然而无疑矣。阳明此论，未为无见，然亦如朱子所以发明格物者云：“尔遂以为知自有行在，行自有知在，而曰知行本体原是如此，岂其然乎？”

王氏曰：知行互藏，非无此理，但指为本体而谓无知行之分，又无先后之别，则失之远矣。辨极精明，有功圣学，至阳明是处原不掩他，故曰“求是”。

尽心知性

“尽心、知性、知天，是生知安行事；存心、养性、事天，是学知利行事。‘夭寿不二，修身以俟’，是困知勉行事。朱子错训‘格物’，只为倒看了此意，以‘尽心知性’为‘物格知至’，要初学便去做生知安行事，如何做得？”爱问：“‘尽心知性’何以为‘生知安行’？”先生曰：“性是心之体，天是性之原，尽心即是尽性。‘惟天下至诚为能尽其性，知天地之化育’，存心者，心有未尽也。知天，如知州、知县之知，是自己分上事，己与天为一；事天，如子之事父，臣之事君，须是恭敬奉承，然后能无失，尚与天为二，此便是圣贤之别。至于‘夭寿不二’其心，乃是教学者一心为善，不可以穷通夭寿之故便把为善的心变动了，只去修身以俟命。见得穷通寿夭有个命在，我亦不必以此动心。‘事天’虽与天为二，已自见得个天在面前；‘俟命’便是未曾见面，在此等候相似：此便是初学立心之始，有个困勉的意在。今却倒做了，所以使学者无下手处。”

“尽心、知性”为知天，“存心、养性”为事天，“夭寿不二，修身以俟”为立命，命即天也。始而知之，既而事之又其极，则命自我立，而与天为一矣。此孟子立言之本意，而朱子发明之无余蕴矣。《易》曰“穷理尽性，以至于命”，此之谓也。今乃曰“尽心、知性、知天，是生知安行事；存心、养性、事天，是学知利行事。‘夭寿不二，修身以俟’，是困知勉行事”，而遗却“立命”二字。阳明岂不知有此二字而遗之哉？正以言立命则于义不通，故特遗之，而以俟命对知天、事天也。然本文二字怎生遗得？其所以为此言者，盖看得夭寿事为轻耳。殊不知死生亦大矣！圣门惟一曾子能易箦[①]不二其心，然在一贯之后方能之。其次子路之结缨，子羔之入室，虽其殆庶几，而皆已不免于君子之议矣。此岂初学之事？且如仙释，阳明以为上达处与圣人略同，其视仙释高矣。然老氏贪生，佛氏怖死，而其为教，皆欲出离生死，以死为一大事。阳明尝出入二氏者，而顾轻之以为初学事乎？盖徒见夫修身以俟，有似于行法俟命之说，故遂为此论，而不知德之不修亦圣人之所忧也。精一执中，尧舜之修也；勤俭敬义，禹汤之修也；缉熙执竞，文武之修也；仰思待旦，周公之修也；忘食忘忧，不知老之将至，孔子之修也。不以夭寿不二其心，而惟修身以俟死，盖达于死生之故，通于性命之情，非天下之至圣不足以当此也。而顾以困勉当之，然则尧、舜、周、孔亦困勉者耶？尧、舜、周、孔不得以言困勉，则夭寿不二修身以俟，决非困勉之事可知矣。至其知州、知县、事父事君之喻亦为未然。盖知州、知县虽是自己分上事，然欲知之又须竭其耳目心思始得。若但如广都长之众事不理[②]，潘孟阳之饮酒游山[③]，官纵以知名，安能知其事而与之一乎？子之事父，臣之事君，虽是必恭敬奉承，然后能无失，然亦何者非臣子分内之事？至于舜尽事亲之道而瞽叟底

① 易箦：更换床席，指人将死。箦，竹席。

② 参见《三国志·蜀书·蒋琬传》：蒋琬字公琰，零陵湘乡人也。以州书佐随先主入蜀，除广都长。先主尝因游观奄至广都，见琬众事不理，时又沉醉，先主大怒，将加罪戮。

③ 事据《旧唐书》卷一百六十二，列传第一百一十二：唐宪宗刚刚即位，就委派潘孟阳作为特使到江淮一带视察工作。但是潘孟阳每到一处，只顾着喝酒吃宴席，游览大好河山；收受贿赂，私自任用官吏。后来事情败露被免职。唐宪宗常用他来警戒大臣。直到四年之后，唐宪宗还不忘告诫另一个出使的官员，让他一定要以国家为重，“勿效潘孟阳，仅知饮酒游山而已”。

豫[①]，伊尹相汤咸有一德[②]，则心与之一而未始有违矣。况知州、知县所以尽臣子之职也，事理本无二致，忠孝出自一原，知行元不相离，天人由来同贯，安得以此为圣贤之别？而谓朱子之训为错训，看为倒看哉！

王氏曰：余初亦惑其说，及玩此辨中阳明之病根，得往圣之心法即起孟子而质之，虽不好辨，其论决不逾此。夫李石麓公，从阳明之学者也，目眵得是编，令侍史揭读一章，偶及此，曰："此段原却差些。"夫读一篇，而遂知其为差，要知特未闻及各章耳。公是之，在人心固不泯也。

① 瞽叟：舜的父亲，双目失明。底：致。豫：乐。见《孟子·离娄上》。

② 伊尹：姒姓，伊氏，名挚，因其母居伊水之上，故以伊为氏。辅助商汤打败夏桀，拜为尹（丞相）。《咸有一德》是《尚书》的篇名，这篇经文的主题就是"一德之事"。作者据传是伊尹，内容为伊尹对太甲说的话，大意是天命无常，只有经常修德，才可保住君位；停止修德，就会失去君位。

格　物

“‘格物’如孟子‘大人格君心’之‘格’，是去其心之不正，以全其本体之正。但意念所在，即要去其不正以全其正，即无时无处不是存天理，即是穷理。天理即是‘明德’，即是‘明明德’①。”

去其心之不正，以全其本体之正，是正心之功也。意念所在，即要去其不正以全其正，是诚意之功也。而阳明以训“格物”，则“格物”即正心、诚意尔。然则经文只言“正心”“诚意”足矣，何必又言“格物”，以为架床叠屋之说乎？此决知其不然也。

王氏曰：每见格去之说，于心终不安。此辨即其所言而看出正心、诚意之功，则不特圣经②格物之旨，复明于世，而冯子知言之学可据见矣。

---

① 《王阳明全集》原文为“穷理即是‘明明德’”。

② 圣经：此处指《大学》。

良知

“知是心之本体。心自然会知：见父自然知孝，见兄自然知弟，见孺子入井自然知恻隐，此便是良知，不假外求。若良知之发，更无私意障碍，即所谓‘充其恻隐之心，而仁不可胜用矣’。然在常人不能无私意障碍，所以须用致知格物之功。胜私复理，即心之良知更无障碍，得以充塞流行，便是致其知。知致则意诚。”

孟子曰：“人之所不学而能者，其良能也；所不虑而知者，其良知也。孩提之童无不知爱其亲也，及其长也，无不知敬其兄也。”[①]前节是两下说，见知、能不可浑作一个，后节是一滚说，见知、能不可分作两个，此孟子说知行本旨也。阳明说“见父自然知孝，见兄自然知弟，见孺子入井自然知恻隐，此便是良知，不假外求”，分明出于孟子。然而不说“良能”，以“良知”之中兼得“良能”，则亦只是得他后节意思而已。故其致良知之说，虽觉新奇，终不免危殆而不安也。下文“若良知之发，更无私意障碍，即所谓‘充其恻隐之心，而仁不可胜用’……胜私复理，即心之良知更无障碍，得以充塞流行，便是致其知”之说，其病根皆自此中发来。然其理愈悖，而其词愈戾矣。盖良知者，知也；恻隐之心，仁也；致知格物，求知之方也；胜私复理，为仁之功也。譬之水陆两路相似，水路用舟楫，陆路用车马。有人于此本欲从水路，乃释舟楫之用，而驱车策马于波涛流荡之间，以求其济其势，必有所不行矣。且曰“此便是舟楫也”，不亦欺己欺人之甚乎？

---

① 出自《孟子·尽心上》。

王氏曰：致良知之说，阳明自以为新奇，人亦喜其为新奇。此独说其本于孟子，是看破他帖括[①]不明，其仁知之别是切中他膏肓。夫道若大路，然彼问道于盲者，可以翻然悟矣！

① 帖括：出自《明史·熊廷弼传》，比喻迂腐不切时用。

博　约

爱问："先生以'博文'为'约礼'工夫，深思之未能得，略请开示。"

先生曰："'礼'字即是'理'字。'理'之发见可见者谓之'文'；'文'之隐微不可见者谓之'理'：只是一物。'约理[①]'，只是要此心纯是一个天理。要此心纯是天理，须就'理'之发见处用功。如发见于事亲时，就在事亲上学存此天理；发见于事君时，就在事君上学存此天理；发见于处富贵贫贱时，就在处富贵贫贱上学存此天理；发见于处患难、夷狄时，就在处患难、夷狄上学存此天理：至于作止语默，无处不然，随他发见处，即就那上面学个存天理。这便是'博学之于文'，便是'约礼'的工夫。"

详味此论，盖以人要约此心于天理，须于理之发见于行事。而为文者，着实去学，着实去存，以做约理的工夫，则工夫全在博文上。此阳明自谓知行合一之学得先圣相传心法肯綮[②]者。所以他说"惟精是惟一的工夫，格物是诚意的工夫，明善是诚身的工夫，穷理是尽性的工夫，道问学是尊德性的工夫"，皆是此意。殊不知，惟精惟一以允执其中[③]，精一本执中之功也。而以精为一的工夫，其如执中之义，何博文约礼以弗畔[④]于道？博约本致道之功也，而以博为约的工夫，其如弗畔之义何？盖圣贤立言，自有本等正意，其言

① 约理：《王阳明全集》（上海古籍出版社，2018）为"约礼"。
② 肯綮：典出《庄子·养生主》，指筋骨结合的地方，比喻要害或关键之处。
③ 出自《尚书·大禹谟》："人心惟危，道心惟微，惟精惟一，允执厥中。"
④ 畔：通"叛"。

外之意虽亦有之，然以之相发可也。而欲遂以之正释经文，则非矣。如“君使臣以礼，臣事君以忠”，本是对说，而尹氏却谓君使臣以礼，则臣事君以忠、恭、宽、信、敏、惠，本是平说，而敬夫却谓恭其本欤？“礼之用，和为贵”本是说礼，“洒扫应对”本是说器，而程子却谓礼胜则离，乐胜则流，洒扫应对便是形而上者。盖或推其所未发，或补其所未圆，或足其所未竟，或决其所未明。不出本文之意，而又不是本文之意；不是本文之意，而又不戾本文之意，夫是之谓言外之意。阳明议论，多半仿此，虽时有所明，偏有所得。要之，非圣贤正意不足以相发，而适足以相戾矣。岂若直玩经文而体认之，使其字归本义、义归本经，自然明当平正而无失之，为得乎？然则以“礼”字即训“理”字，其说如何？曰：礼者天理之节文，言礼而理自在其中。若言“理”，则理原是无形影的物事，学者无从下手，高者必入于玄虚，卑者必溺于意见。故圣门教人，只说“礼”字，如曰“约之以礼”“立于礼”“诗书执礼”“克己复礼”“齐之以礼”“非礼弗履”“礼仪三百，威仪三千”，以至著为《仪礼》《礼记》等书，无非以礼能善物，学者循是而入，有据依也。由此观之，“理”之一字，圣人尚不肯说，以起学者之疑，而况吾人乎？阳明开口便说此字，盖徒乐其说之直截超旷，而不知圣人固忧之深而虑之远也。且如事亲，就在事亲上学，存此天理。事君就在事君上学，存此天理。骤看其言，岂不有理，然细论之，终亦鹘突[1]。盖孝是天理，申生不敢明骊姬之过而宁死[2]，非天理乎？然不合于礼。必如舜之“祗载见瞽叟，

① 鹘突：模糊、混沌，不明白事理，疑惑不定。

② 骊姬：春秋时期晋献公妃子。骊姬使计离间挑拨晋献公与儿子申生、重耳、夷吾的感情，迫使申生自杀，重耳、夷吾逃亡，改立自己所生之子奚齐为太子，史称骊姬之乱。

夔夔齐栗”[①]“烝烝乂，不格奸”[②]方是礼忠，是天理。鬻权兵谏亦是他爱君之心所发，非天理乎？然亦不合于礼。必如孔子所谓“人臣不显谏，三谏不听，则逃之”方是礼。以至证父之直、螬李之廉、抱梁之信、辄难之死、延陵之让，非不是一个天理？只因无礼便不是。

巾幅刻此。王氏曰：孔子之博约即舜之精一，此万古圣圣传心之要典，岂可妄生意见？此说阳明以余意为正意，切中病根，并无人说到。且辨“礼”“理”二字极精极透，唤醒心目。且如一“礼”字亦多不同，有指心而言者，如“克己复礼”是也；有指事而言者，如“恭而无礼”是也；有指纲常言者，如“殷因于夏礼”是也；有指仪文言者，如“曲礼三千”是也。“约礼”之“礼”，则兼身心而言。大抵是理上有节文耳。

---

① 出自《尚书·舜典》。

② 出自《尚书·尧典》。烝烝，热气升腾貌，也指孝德之厚美，亦指纯一宽厚貌。乂，善。格，至。

人心道心

爱问："'道心常为一身之主，而人心每听命'，以先生'精一'之训推之，此语似有弊。"

先生曰："然。心一也，未杂于人谓之道心，杂以人伪谓之人心。人心之得其正者即道心，道心之失其正者即人心，初非有二心也。程子谓'人心即人欲，道心即天理'，语若分析而意实得之。今曰'道心为主，而人心听命'，是二心也。天理、人欲不并立，安有天理为主，人欲又从而听命者？"

人心之人，非以杂以人伪而谓之人也。孟子所谓耳目口体之欲，小体也。道心之道，非以未杂于人而谓之道也。孟子所谓仁义礼智之心，大体也。"从其大体为大人，从其小体为小人。"[1]道心为主，而人心听命，从其大体者也。道心不能为主，而反见役于人心，从其小体者也。朱子之言，分明出于孟子，岂有弊哉？阳明乃谓"天理、人欲不并立，安有天理为主，人欲又从而听命者"，而不知非朱子之言有弊也，乃己错看欲字故也。耳目口体之欲，人之所不能无；天理人欲之欲，人之所不可有。于人之所不能无者，而以人之所不可有者视之，无怪乎其以朱子之言为有弊也。然则程子之言非欤？曰："人心""道心"均之为心也，特有人与道之分尔；"小体""大体"均之为体也，特有小与大之差尔。若天理、人欲，则分别甚矣。看来惟荀子"天君""天官"之喻庶几近之。

① 出自《孟子·告子上》。

巾幅刻此。王氏曰：大抵阳明之说，似是而非，易以惑人，非析理甚精，安能把持得定而辨折之详彻乎？至味孟子谓“养心莫善于寡欲”，“寡”之一字，正以其不能无耳。

文中子、韩退之

爱问文中子、韩退之。先生曰："退之，文人之雄耳。文中子，贤儒也。后人徒以文词之故，推尊退之，其实退之去文中子远甚。"

退之《原道》诸篇，造深见卓，非文人所及，但律身欠严，所以其徒有驳杂无实之戏之讥，然大处分明，小出入未害也。文中子自是一儒者，所著中说其间论文史及时事世变尽有可观，至其本领处，恐未必过于退之。退之上相书，文中子则献《太平十二策》。退之待五六十著书，文中子未三十续六经。二子未知其孰贤，然而退之近实也。阳明乃谓退之去文中子远甚，何哉？盖退之辟佛，以佛为夷狄之一法；文中子佐佛，以佛为西方之圣人。而阳明学于佛氏，故党其同而伐其异尔，非通论也。

王氏曰：品骘[①]二子甚当，党同伐异，诛心之论。

① 品骘：犹评定，论定高低。骘，安排、定。

六经删述

"自伏羲画卦，至于文王、周公，其间言《易》如《连山》《归藏》之属[①]，纷纷籍籍，不知其几，《易》道大乱。孔子以天下好文之风日盛，知其说之将无纪极，于是取文王、周公之说而赞之，以为惟此为得其宗。于是纷纷之说尽废，而天下之言《易》者始一。《书》《诗》《礼》《乐》《春秋》皆然。《书》自《典》《谟》[②]以后，《诗》自二《南》以降，如《九丘》《八索》，一切淫哇逸荡之词，盖不知其几千百篇；《礼》《乐》之名物度数，至是亦不可胜穷。孔子皆删削而述正之，然后其说始废。如《书》《诗》《礼》《乐》中，孔子何尝加一语？今之《礼记》诸说，皆后儒附会而成，已非孔子之旧。至于《春秋》，虽称孔子作之，其实皆鲁史旧文。所谓'笔'者，笔其旧；所谓'削'者，削其繁：是有减无增。"

阳明之意，盖谓夫子以烦文盛而众说纷有以大乱吾道，故删述六经以废众说，去烦文使归于一。其意颇美。然即其所为论者而考之，则皆一时草率御人之语，而未得事理之实，不足据也。何以言之？伏羲画卦只有八卦之名耳，夏则首艮而名之为《连山》，商则首坤而名之为《归藏》，周则首乾而名之为《易》，三说之外更无他书。而《易》之名至周始有，此三代圣人所以先天开人、随时立教以幸天下后世者也。正如子丑寅之迭建，而于义皆得忠质文之异尚，而其归则同孔

① 易经有三易之说，一是《连山易》；二是《归藏易》；三是《周易》。相传《连山易》是神农时代的《易》，《归藏易》为黄帝时代的《易》，《周易》是周朝时期的《易》。《连山易》和《归藏易》据说已遗失、绝传。

② 《典》《谟》：《尚书》中《尧典》《舜典》和《大禹谟》《皋陶谟》等篇的并称。

子。周人赞《周易》者，即从周之意尔，其《连山》《归藏》固自在也，不然何梁之刘勰著《文心雕龙》而犹按《归藏》之经以证诸子也耶？《九丘》即《禹贡》，以其述九州上、中、下之赋，故曰《九丘》。《八索》即八卦，以其有一索、再索、三索之义，故曰《八索》。礼乐之名物度数，具存三《礼》等书，何说可废？亦未尝废也。但火于秦，或逸或乱尔。至于《春秋》，则夫子以鲁史不明，故复为笔削之词，以明素王之道，存先王之迹，则是鲁史之外加一鲁史，非废鲁史也。阳明以《连山》《归藏》皆所以言《易》而乱《易》，是不知周之前无《易》也。以伏羲至周公，其间言《易》，不知其几，是不知三说之外无他书也。以孔子取文王、周公之说为得其宗而赞之，是不知从周之意也。以孔子赞《易》而纷纷之说尽废，是不知《归藏》之经六朝犹存也。又《八索》不属之《易》，而属之《典》《谟》，二《南》之后为一切淫哇逸荡之词，孔子所删，是不知《八索》之即八卦也。以《书》《诗》《礼》《乐》孔子未尝加一语，是不知《诗》有大序，而《礼》所记夫子之言未必尽汉儒之附会也。以《春秋》为笔旧删繁、有减无增，是不知《春秋》增鲁史之义，非减也。呜呼！《坟》《典》《丘》《索》[1]自倚相能读之后识者有矣，《礼》《乐》《春秋》自孔子修正之后习者多矣，而阳明乃为是言以罔天下，岂以天下无人为可罔耶？

王氏曰：世儒皓首穷经，未观旨归。此辨一出，而千古帝王道脉炳若日星，大有功于圣门，甚有补于来学。

① 《坟》《典》《丘》《索》：《三坟》《五典》《八索》《九丘》的简称。

六经文教

“孔子述《六经》，惧繁文之乱天下，惟简之而不得，使天下务去其文以求其实，非以文教之也。”

孔子之述《六经》也，自天道以及人事，自五帝以及春秋，自朝廷以及闾巷，自礼乐以及鬼神，自人伦以及庶类，靡不包罗综括。盖惟恐一理之或遗、一事之未备，而无以寄斯道于无穷也。故其说夏、商之礼，深慨杞、宋文献之不足以证其言[①]。而其作《春秋》，虽其阙文疑义如夏五[②]之类，亦谨书之。而不忽《书》列二帝三王之训诰不及五霸。苟秦缪有悔过之誓，亦必取之以附于后。《诗》三百本纪周之盛衰不及异代，然祖遗《商颂》五篇亦不忍弃。今诗有三百五篇，此其故也。则是圣人述经之意，岂惧繁文之乱天下，惟简之而不得者哉？使果欲简之而不得，则不如弗述。纵述之，亦可不备乎六经，备六经亦可去其阙文疑义之类，而不使后之学者皓首穷年不能通之矣。春夏秋冬具，而后岁功成；青红赤白合，而后文章著；《易》《诗》《书》《春秋》《礼》《乐》备，而后大道彰。故圣人之述六经也，如五星丽天不可少也，如五狱亘地不可缺也。所谓圣人之道，大而能博，观人文以化成天下者也。而阳明乃谓非以文教之。呜呼！六经非文，

---

① 《论语·八佾》记载：“子曰：‘夏礼，吾能言之，杞不足征也；殷礼，吾能言之，宋不足征也。文献不足故也。足，则吾能征之矣。’”

② 夏五：喻文字有残缺。语出《春秋·桓公十四年》：“夏五。”依经文标示月份体例，下当有“月”字，所以晋代杜预注：“不书月，阙文。”后遂借指文献上的缺漏。

谁为文乎？六经而非以文教，则善诱首博[1]、四教先文[2]岂虚语乎？窃意阳明之为此言，非真以文为繁文而可去也。盖文之为文，其为法至密而难入其为义，至大而难精，而病于法之难入，困于义之难精，则更为大言而小技之，遂务专精于子贡之所谓“不可闻者”，而废弃乎其所可闻者。而不知文章、性天道，元非二物也。夫子之文章，夫子之性天道也。尧之文章，尧之峻德则天也。文王之所以为文，文王之德之纯也。自子贡以可闻、不可闻二之，而世之拙于文者因借其说以自便，而不复致力，此文之所以日卑而可爱可传者，蔑有于天下也。近晋江王慎中有曰：“其才不足以有言，则愧其不能矫为之说诬焉。以自高而掩其不能之愧，以为是不足为也。其弊于今为甚。”关中王维桢亦曰：“公今讲学，弃去文词不理，此近世道学自护其短之巧术。”乃公奈何蹈之！夫二公之所造，固未知其果能有见于文章之即性天道与否，然其发明文章之不可去，与夫今日所以必欲务去之情，则实深切而著明矣。有志斯文者，其毋为其巧术之所眩惑，而矫为之说以自诬也哉！

王氏曰：阳明意在厌文救世，而不知其言之悖理。其辨透彻痛快，有功圣门。

① 出自《论语·子罕》：“夫子循循善诱人，博我以文，约我以礼，欲罢不能。”博文放在首位。

② 出自《论语·述而》：“子以四教：文、行、忠、信。”在文辞、德行、忠诚、信义这“四教”中，孔子将文辞放在了首位。

焚经

“春秋以后，繁文益盛，天下益乱。始皇焚书得罪，是出于私意，又不合焚六经。若当时志在明道，其诸反经叛理之说，悉取而焚之，亦正暗合删述之意。”

仲尼信而好古，而删述六经，六经所以出也。始皇恶诸生是古而非今，而焚六经，六经所以亡也。意正相反，事固悬殊。而阳明乃以焚书为暗合删述之意，吾不知之矣。

王氏曰：阳明谓六经是富家册籍，又谓六经亦只是史，则谓不合焚六经者，亦只是体面徇情之言耳。

经传案断

爱曰："伊川亦云：'传是案，经是断。'如书弑某君、伐某国，若不明其事，恐亦难断。"

先生曰："伊川此言，恐亦是相沿世儒之说，未得圣人作经之意。如书'弑君'，即弑君便是罪，何必更问其弑君之详？征伐当自天子出，书'伐国'即伐国便是罪，何必更问其伐国之详？"

世儒相沿之说，自有不可易者。要不可以彼所尝言而故为异论，以藩篱之也。如伊川说《春秋》"传是案，经是断"本无可疑，阳明乃谓"书'弑君'，即弑君便是罪"，"书'伐国'，即伐国便是罪"，而不必更问其所弑、所伐之详，无非欲任经废传以为异耳。《春秋》本因鲁史而作，传固史也，安可废哉？试即以弑伐言之，《春秋》无将，将而必诛，则弑君三十六皆首恶也。然其中如赵盾之弑为穿，许世子止之弑为不尝药，又似有可矜者，使不以传考之，而何以知乎？春秋无义战，则敌国相伐皆不义也。然其中如齐侯伐楚为奖王室，公伐邾为明有礼，又似彼善于此者。使不以传考之，而何以知乎？故《春秋》不可以无传，犹法家不可以悬断。而书弑书伐，乃独不因案以别白之而概同焉，何也？盖夫子虽以一字定人物之衡，而实不以一法尽作经之变，或心迹始终之所当原，或爵邑氏名之所当辨而于焉，执此以剂量之，有善善之词，有恶恶之词，有美恶不嫌同词，有互见其意而为之词，大义数十，其指数千。而疑似同异之间，正夫子笔削之所在，而深致意者也。如弑伐之书，美恶之同词也。悼公书葬盾，复见经词意之互见也。故经不可以直会，必拟议而后情理畅；律不可以遽断，必比况而后枉滥平。至于情理畅、枉滥平，而功功罪罪各得其所矣，此《春秋》之书所以文则史、义则窃而为史外传心之要典也。若如阳明之说，乃史一切法耳。稍识名理者皆可与能，何游、夏[①]而不能赞其词哉？观游夏之不能赞，则知法有余意，字不尽情而所弑所伐不可不问其详矣。

王氏曰：反覆论传之不可废，深得《春秋》微旨，且透彻痛快，易觉群迷[②]。阳明只是要直截，不免误人。

① 游、夏：子游（言偃）与子夏（卜商）的并称。两人均为孔子学生，长于文学。

② 群迷：佛教语。谓迷失本性的众生。

圣 教

圣人“或因人请问，各随分量而说，亦不肯多道，恐人专求之言语，故曰‘予欲无言’”。

子曰：“吾与回言终日。”又曰：“吾无隐乎尔。”又曰：“有鄙夫问于我，空空如也，我叩其两端而竭焉。”又曰：“诲人不倦。”则是夫子之教人，固已展尽底蕴，惟恐其不详且尽也，何尝不肯多道哉？其所以不多道者，盖如天地之简易而造化无穷，词虽约而意则尽。非若他人之贤者，必广肆其词，而后其说可明也。即如孟子愿学孔子，岂不欲如他做一句道了？然只是学不得，何以言之？孔子论性，只“相近”二字。孟子必说足之同履、口之同嗜、耳之同听、目之同视，以明心之同[①]，然其实则相近而已。孔子论政，只“富教”二字。孟子必说五亩之宅、百亩之田、鸡豚狗彘之畜、庠序学校之设，以为王道之成[②]，其实则“富教”而已。孔子说蒸民之诗，只以一二字点缀出来。孟子说北山之诗，必旁引曲证，而后其意始畅。孔子答学稼之问，只以礼、义、信明其焉用稼[③]。孟子辟并耕之说，必极陈尧舜之论，官禹稷

① 出自《孟子·告子上》：“口之于味也，有同嗜焉。耳之于声也，有同听焉。目之于色也，有同美焉。至于心，独无所同然乎？”

② 出自《孟子·梁惠王上》：“五亩之宅，树之以桑，五十者可以衣帛矣。鸡豚狗彘之畜，无失其时，七十者可以食肉矣；百亩之田，勿夺其时，数口之家可以无饥矣；谨庠序之教，申之以孝悌之义，颁白者不负戴于道路矣。七十者衣帛食肉，黎民不饥不寒，然而不王者，未之有也。”

③ 出自《论语·子路》中樊迟问稼的故事。

契[①]，皋陶、伯益之任职，而言其不暇耕、不用耕。其他手足腹心犬马，国人土芥寇仇之论，即忠礼之对也，而说则详矣。杨墨[②]“率兽食，人人将相食”之论，即攻乎异端之害也，而词则严矣。何必利之说，本诸放利多怨者也，必推至大夫、士、庶人之交征而国危，君臣父子兄弟之怀利而国亡，然后已禹德衰[③]之辨，出禅继[④]义一者也，必极论有德有荐与继世之不贤。伊尹、周公、仲尼之不有天下然后备，岂孟子故好为此辩？以与孔子不多道之旨殊哉。盖词者，所以达己之意也，己之意足以一二言而达，则一二言不为少；必待千百言而后达，则千百言不为多。故孔子之不多道，非不肯多道也，不必于多道也。孟子之详辩，亦非好辩也，不得不辩也，欲为孔子而不得也。此孔孟圣贤之别也。阳明乃以孔子恐人专求之言语，故不肯多道，而且引“予欲无言”以为证。夫“予欲无言”，乃夫子点化子贡之微言，而岂可以之概其平日耶？其失之远矣。

王氏曰：深得圣贤立言之旨。

---

① 稷契：均是唐虞时代的贤臣。稷是后稷，传说他在舜时教人稼穑；契，传说是舜时掌管民治的大臣。

② 杨墨：指战国时期杨朱与墨翟的学说，与儒家对立的两个重要学派。杨朱主张“为我”，墨翟主张“兼爱”。

③ 出自《孟子·万章上》。万章问曰：“人有言：‘至于禹而德衰，不传于贤，而传于子。’有诸？”

④ 禅继：即禅让制。

删　书

“孔子云：‘吾犹及史之阙文也。’孟子云：‘尽信书不如无书，吾于武成取二三策而已。’孔子删《书》，于唐、虞、夏四五百年间，不过数篇，岂更无一事？而所述止此，圣人之意可知矣。圣人只是要删去繁文，后儒却只要添上。”

上古穴居而野处，后世圣人易之以宫室。宫室固文于穴居也。古之葬者，厚衣之，以薪葬之中野，不封不树，后世圣人易之以棺椁。棺椁固文于中野也。上古结绳而治，后世圣人易之以书契。书契固文于结绳也。文则素，质则简；文则密，质则疏；文则华，质则实；文则迂，质则直，其势使然也。唐、虞、夏，《书》之数篇，亦是风气初开，人文始著，故其事阔疏而其书简略尔，非圣人数篇之也。使果以为圣人要删去繁文而故少之，则唐、虞之前并数篇亦无之者，岂删之又删以至于无耶？虞、夏之后，如商、如周、如秦者，岂其书过于唐、虞而详述之耶？可见圣人删《书》，只是有者自有、无者自无，多者自多、少者自少，但于其中序正之尔。故曰：孔子序《书》，自唐、虞以下而不言删字，以此也夫。

王氏曰：两说具在，或是或非，必有能辨之者。

法　古

“唐、虞以上之治，后世不可复也，略之可也；三代以下之治，后世不可法也，削之可也；惟三代之治可行。”

孔子告哀公曰“文武之政，布在方册，其人存则其政举”[①]，言治天下者不可不法三王也。孟子谓景丑氏曰我“非尧舜之道，不敢陈于王前”[②]，言治天下者不可不法尧舜也。阳明乃谓唐虞之治不可复，而惟三代之治可行，何哉？若以古今殊势、因革随时，则商周之治或与唐虞异，而虞夏之治又大略相同。盖虞之地平天成，六府三事允治[③]，皆禹为之。而禹之菲饮食、恶衣服、卑宫室、尽力沟洫[④]，自其受禅时，舜固以克勤于邦、克俭于家美之矣。董子[⑤]所谓虞夏“不言损益”，正有见于此也。岂有虞之治不可复，而夏治乃可行乎？故言治者，必行夏之时，乘殷之辂，服周之冕，乐则韶舞，如孔子所以答颜渊为邦之问，然后可。

王氏曰：辨证虞、夏同道，真不易之论，无可回说。

---

① 出自《中庸》。

② 出自《孟子·公孙丑下》。

③ 出自《尚书·大禹谟》：“帝曰：‘俞！地平天成，六府三事允治。万世永赖，时乃功。’”地平天成，指禹治水成功而使天之生物得以有成。水、火、金、木、土、谷，谓之六府，六者为财货聚敛之所，古人以为人类养生之本。正德、利用、厚生，谓之三事。

④ 出自《论语·泰伯》：“子曰：‘禹，吾无间然矣。菲饮食，而致孝乎鬼神；恶衣服，而致美乎黻冕；卑宫室，而尽力乎沟洫。禹，吾无间然矣！’”菲，薄。沟洫，沟渠，指农田水利。

⑤ 董子：指董仲舒。

经　史

“五经亦只是史。”

史者，记事之书也。以其出于史官，故谓之史。五经惟《书》与《春秋》为正史。《诗》虽非史，亦附见当时之事，故古者天子巡狩，太史陈诗，则谓《诗》为史之余亦可也。若《易》陈卦画，《礼》言经曲，何与于时事，而亦谓之史耶？

王氏曰：经者，经常不易。而史乃一时记载之事也。以经为史敝，且废经而坑焚之祸起矣。所辨关系甚大。

删　诗

爱问："《诗》不删郑、卫，先儒谓'恶者可以惩创人之逸志'，然否？"

先生曰："《诗》非孔门之旧本矣。孔子云：'放郑声，郑声淫。'又曰：'恶郑声之乱雅乐也。郑、卫之音，亡国之音也。'此是孔门家法。孔子所定三百篇，皆所谓雅乐，皆可奏之郊庙，奏之乡党，皆所以宣畅和平，涵泳德性，移风易俗，安得有此？是长淫导奸矣。"

《诗》言志，孔子删《诗》，想是删其不出于自然言志者尔，非存其美而去其恶也。夷狄鸟兽并育于覆载之间，所以为大；共欢元恺兼容于尧舜之世，所以为弘。若必其美者存之，恶者删之，亦介[①]焉、褊[②]焉，示人以不广矣。况王者之政，任德必二以刑；圣人之教，循名必责其实。圣人作经以寓政教，而不慎诸此哉。故其删《诗》，既录雅乐以示法，兼收郑、卫以杜奸。郑声淫，必使人知其所以淫；郑声乱雅乐，必使人知其所以乱郑。卫亡国之音，必使人知其所以亡。正如作《易》，吉凶悔吝无不系；作《春秋》，弑父与君无不书之意也。使不删郑、卫为长淫导奸，是悔吝之系，为教人以规避之术也；弑君父之书，为启人以篡贼之端也，而可乎？阳明尝谓五经皆是史，何不以《易》《春秋》例看乎《诗》？

王氏曰：不磨之论。

---

① 介：耿介。

② 褊：本意指衣服狭小，引申泛指狭小，又引申指急躁。

煐[1]曰：诗三百，一言以蔽之，思无邪。按二南[2]列风一百六十，大雅三十一，小雅八十，颂四十，凡三百十一。信如先生之言，则邶、鄘皆卫，内除邶十九，鄘、卫各十，郑二十一，非三百矣！即郑、卫中非无可存者，而列风中亦有可删者。毋论失“思无邪”之旨，且非“诗三百”之数。

① 煐：即冯煐，冯柯季子。——编者注

② 二南：指《周南》和《召南》。

卷 二

主 一

澄问："主一之功，如读书则一心在读书上，接客则一心在接客上，可以为主一乎？"

先生曰："好色则一心在好色上，好货则一心在好货上，可以为主一乎？是所谓逐物，非主一也。主一是专主一个天理。"

明道读史，不蹉一字，作字亦必甚敬，此正读书一心在读书上之谓。接客虽是细事，然心或不在，则古诗所谓"仰面贪看鸟，回头错应人"①者有之矣。澄之所问，未为不是，阳明乃比之"好色""好货"，而谓之"逐物"，何哉？究其病原，盖以"一"字看作"理"字故也。殊不知"主一"之说，本出自程子。程子但言"主一之谓敬""无适之谓一"，是主一者，不过心有主而不他适之谓耳。阳明不考程子训"一"之义，而以"主一是专主一个天理"，故于读书、接

① 出自杜甫《漫成二首》之二。

客皆看做外物，而以一心在读书、接客上为“逐物”也。夫主一自是与逐物不同。主一者，其主在我，所谓以心使心也。逐物则心驰于外而忘其在我，所谓心从法华转，非是转法华矣。毫厘千里之分，全在“主”字“逐”字上。阳明却就“一”字“物”字上分别，所以失之。且既以读书、接客为外物矣，及论格物，则又谓心外无物，而以物为心焉。何其言之不相应哉？盖由阳明以心学为主，而格物是《大学》入门下手处，故硬以“心”字训“物”字，以为不如此，则与逐物者无异也。却不思格物、逐物，为己、为人之别，不在“心”字“物”字上，亦全在“格”字“逐”字上。

王氏曰：析理精确，不易之论。要知阳明亦造次御人之词，非实见得是也。

煐曰：出门如宾，使民如祭，仁之则也。夫且则仁，奚言逐物？况先生曰“博文是约礼功夫”，则读书必非逐物矣。

尧舜桀纣

“圣如尧、舜，然尧、舜之上，善无尽；恶如桀、纣，然桀、纣之下，恶无尽。使桀、纣未死，恶宁止此乎？使善有尽时，文王何以‘望道而未之见’？”

善如尧、舜，善到分际；恶如桀、纣，恶亦已到分际，都无去处。阳明乃谓“桀、纣未死，恶宁止此”，非也。借桀、纣未死，只是他为恶之件数多些，亦必不能复加，何也？桀之恶至于率遏众力，率割夏邑，使有众率怠弗协曰：“时日曷丧？予及汝皆亡。”[①]纣之恶至于焚炙忠良，刳剔[②]孕妇，斫朝涉之胫，作炮烙之刑，使民罔弗欲丧曰：“天曷不降威？大命不挚。”[③]夫纣之民，非桀之遗民也，而或欲与亡，或欲与丧，怨若一口，则以桀、纣之恶异代同甚故也。向使二恶未甚，民尚有生路之可移，则孰忍以父母妻子所仰赖之身，而愿与之丧、与之亡者哉！子贡称纣之恶“不如是之甚”[④]，非以为不甚也，正甚纣之恶以为不应有此尔，所谓“商罪贯盈”[⑤]是也。今曰“桀、纣未死，恶宁止此”，是犹以其恶为未甚未盈也。使果未甚未盈，必何如而后谓之甚且盈耶？

---

① 出自《尚书·汤誓》。日：太阳，比喻暴君夏桀。曷：何，这里是“何时”的意思。该句意为这个太阳何时消灭，我愿与你同归于尽。指夏朝百姓痛恨暴君夏桀，表示誓不与其共存。

② 刳剔：剖杀，割剥。

③ 出自《尚书·西伯戡黎》。

④ 不如是之甚：意思是不像现在流传得那么严重。原文见《论语·子张》。

⑤ 出自《尚书·泰誓》：“商罪贯盈，天命诛之。”

武王作誓，唯言“受罔有悛心”[1]，正以罪恶至此不可复加，一无悛心便为极恶。然则受虽再生数十年，亦只是不悔前恶而已。况强弩之末，不穿鲁缟；潮势之缓，不流束薪。桀、纣果若未死，则其人向老亦当颇有慈心，如唐史所论武后者矣，岂有更甚之理乎？阳明但欲伸其恶无尽之说，而乃为桀、纣分疏，亦异乎子贡之见矣。至于望道未见之说，亦只是孟子状文王之心如此，非文王真有未见也。诗曰：“诞先登于岸。”[2]岸固道之尽处也。传曰：“穆穆文王，于缉熙敬止。”[3]为人君止于仁，为人臣止于敬，为人子止于孝，为人父止于慈，与国人交止于信。仁、敬、孝、慈、信者，至善也。至善者，善之尽处也。岸而登至善而止，故曰：“周之德，可谓至德也已矣。”[4]乃因其望道未见之心，而遂谓善无尽，何待文王反不如待桀纣也耶？

王氏曰：开手四句，便已断尽春秋笔也。后边辨析详尽，议论不磨。

---

① 出自《尚书·泰誓》。帝辛（约前1105—前1046），子姓，名受（一作受德），商朝末代君主，世称“纣”“商纣王”。悛心，指悔改之心。

② 出自《诗经·皇矣》。

③ 出自《诗经·大雅》的首篇《文王》。意为仪表端庄美好的文王啊！为人始终光明磊落，做事恭敬严谨。缉：持续不断的意思。熙，光明。止，修身的最高境界。

④ 出自《论语·泰伯》。

精　一

问："'惟精惟一'是如何用功？"

先生曰："'惟一'是'惟精'主意，'惟精'是'惟一'功夫，非'惟精'之外复有'惟一'也。"

昔屠宗师讲学于天宁寺，问精一之旨如何，慈学李占泉对曰："'精'是'一'的工夫。"予曰："不然。当初尧授舜时，只说'允执厥中'。至舜授禹时，始益之以'人心惟危，道心惟微，惟精惟一，允执厥中'。可见'精一'是'执中'的工夫。若'精'是'一'的工夫，当初下语时，不当以二'惟'字对言下文，又不须赘着'允执厥中'矣。"李默然。府学周太霞曰："阳明先生以世儒分析太甚，故言'惟一是惟精主意，惟精是惟一工夫'，为合一之说。占泉盖忘却主意一边尔。"当时仓卒，亦不复辨究，以为精、一对言者，乃分阴分阳之意。而阳明主意、工夫之说，殆根阴根阳之意而已矣。今读此段，而以其结句"非'惟精'之外复有'惟一'"者反覆推之，然后知其所谓主意、工夫者，正是发明"'精'是'一'的工夫"之旨。太霞盖考之不详，而予于是时亦失其所以辨诘也。盖天地絪缊之理，不出一高一厚之外；幽明感通之故，不在一卜一祝之间。才说精一，则中间许多意义合下，便已浑全周备不容说矣。阳明乃以世儒分析之故而为说，以教之，已自多了，借欲救之，亦必以"惟精为惟一的主意，惟一为惟精的工夫"庶几彼此相发，而分合可明。若如今所云，则是以"惟一"为先，"惟精"为后，既失其本文之序，"惟精"则重，"惟一"则轻，复失其交戒之意。虽若以主意、工夫对言，而实与李说无大相远矣。

岂非欲矫分析之失，反成偏废之弊，而其为害又有甚于分析者乎？此愚所以深疑而未解也。及考曰仁[1]所录，有言“知是行的主意，行是知的工夫；知是行之始，行是知之成”[2]，然后释然自喜曰：知行、精一，其名殊而理则一者也。安有论知行则主意、工夫如此，而论精一则主意、工夫又如彼？必阳明所说，只是这个，而传而习之者，或以为如此，或以为如彼尔。至其讹以传讹，而不知其非，假之又假，而遂信其是，则其说益长，而其见益锢。其见益锢，而其真益乱。其真益乱，而其和益众。其和益众，而其术益行。以至今日而犹未已，可畏也。故知语录等书最不易看，盖其所闻，或有亲承、传说之不同，所记或有工拙、详略之各别。或得意于语言之外，不拘其词；或模拟于形迹之间，反失其意；或不徒失其意，而且并其词而失之；或不徒失其词，而甚以己意。而人之苟不参互考订以知其说，则如此疑者终不可得而解矣。幸其得失是非，彼此错见而明者，或因得之以为左证也，不宁惟是。尝观王龙溪所录《冲玄会》载阳明之言曰：“戒慎恐惧是本体，不睹不闻是工夫。”果如其说，岂不颠倒错乱而为贼道之尤乎？及考其平日之言，但曰“戒惧亦是念。戒惧之念，无时可息”[3]，又曰“‘戒慎恐惧’便是修道工夫”[4]。其言如此，初未尝以“戒慎恐惧”为本体而不作工夫也。故凡此等可疑处，皆是其徒传录之误，未必本来如此。然“博文即约礼的工夫”“惟精即惟一工夫”，曰仁亦有此语，且以为始虽落落难合，久之不觉手舞足蹈，何也？曰：道理至大。便如此说，亦非无一般意思可想处。且其端

① 曰仁：徐爱，字曰仁。

② 出自《王阳明全集·传习录上》第 5 页。

③ 出自《王阳明全集·传习录上》第 40 页。

④ 出自《王阳明全集·传习录上》第 43 页。

绪亦有自来，如云“博学而笃志，切问而近思，仁在其中矣”[①]，岂非学问思辨即为仁的工夫耶？“博学而详说之，将以反说约也”[②]，岂非博学详说即反约的工夫耶？阳明不把将来说破与人，以自神其说，正是禅家莫度金针[③]之意，而其徒一向倾信他，也不去思量到。这个是孔门弟子寻常讲习的旧话，便遂以为落落难合，又遂以为不觉手舞足蹈，皆坐见小尔。何但[④]“博文即约礼工夫”，便说“约礼即博文工夫”，亦未必无理。何但“惟精即惟一工夫”，便说“惟一即惟精工夫”，亦自有可通。然终是偏枯险绝之论。圣门自有平易正大的门户，何苦不去理会，而必寻讨倾邪捷窄之路以快一时之论，而荡惑天下后世之人心耶？

巾幅刻此。王氏曰：阳明只是以余意为正意，而自以为奇，所以失之偏僻。此论委曲详尽，彻上彻下，金针之度，无以逾此，大有功于圣学，即置百喙不能为阳明分疏矣。

---

① 出自《论语·子张》。

② 出自《孟子·离娄下》。

③ 莫度金针：出自元好问《论诗》：“鸳鸯绣了从教看，莫把金针度与人。”金针度人比喻把高明的方法传授给别人。金针，比喻秘法，诀窍。度，通“渡”，越过，引申为传授。

④ 何但：指何必、岂止。

心

或问："晦庵先生曰：'人之所以为学者，心与理而已。'此语如何？"

曰："心即性，性即理，下一'与'字，恐未免为二。此在学者善观之。"

晦庵尝言："心者，人之神明，所以具众理而应万事。"又言："圣人之心，万理毕具。"又言："方寸之间，虚灵洞彻，万理咸备。"又言："性是心之道理。"又言："心、性、理拈着一个，则都贯穿。"则所谓"心即性，性即理"之说，朱子岂不知之？而下一"与"字于心、理之间哉，盖以人而言，则心即性，性即理，若下"与"字，是二之也。以人对事物而言，则在人为心，在物为理，不下"与"字，又无别也。朱子此言，为格致而发，致知者，致吾心之知也。格物者，格事物之理也。不无内外精粗之别，故下一"与"字，非专指人心而言也。所谓言固各有攸当也。正如孟子尝斥"食色，性也"① 之非矣，而其自言又曰"口之于味也，目之于色也，耳之于声也，鼻之于臭也，四肢之于安佚也，性也"②。岂可据其前说而谓后说之非乎？程子亦有"性即理也"③ 之说矣，而他日又曰"恶亦不可不谓之性"④，岂可信其前说而疑后说之反乎？盖道不可以一端尽也，而言亦不可以一概断也。有偏者，有全者，有异者，有同者，有前后不相应者，

① 出自《孟子·告子上》，此是告子的观点。

② 出自《孟子·尽心下》。

③ 出自《二程遗书》卷二十二。

④ 出自《二程遗书》卷一。

有彼此互相发者，有文词不类而意实同者，有形迹吻合而道殊绝者。苟不参伍[①]以通其变，融会以要其归，或以文害词，或以词害意，或滞其迹而不稽其心，或得其一而不知其二，是为高叟之固[②]、咸丘蒙之执[③]矣。几何[④]不以《小弁》之怨为小人、北山之说为臣父哉？周公思兼三王以施四事，其有不合者，仰而思之，夜以继日，幸而得之，坐以待旦。朱子“心与理”之言，正其不合而可疑处，使阳明如周公之仰思继日，将必有幸而得之者矣。而遂指斥其下字之非，盖由不根究其语意所自，徒见此语何如之问，遂以己意答之而已。呜呼！先辈不可轻议也。如议之，当如老吏断狱，必搜寻其案卷，钩当其情由，的的焉无毫发可借，而后决之，然后被罪者心服而无辞。若阳明者，不尽其辞而决之者也，设晦庵复生，其肯伏之乎？其能无辞乎？或曰是固然矣，但不以理属人而属之物，是人之灵不如物矣，不能无疑。曰：是不然。心即

① 参伍：参伍之道指一种错综比较的认识方法。语出《周易·系辞上》：“参伍以变，错综其数。”通过爻位的错综比较以测事物的变化。

② 高叟之固：出自《孟子·告子下》。公孙丑问曰：“高子曰：《小弁》，小人之诗也。”孟子曰：“何以言之？”曰：“怨。”曰：“固哉，高叟之为诗也！有人于此，越人关弓而射之，则己谈笑而道之；无他，疏之也。其兄关弓而射之，则己垂涕泣而道之；无他，戚之也。小弁之怨，亲亲也。亲亲，仁也。固矣夫，高叟之为诗也！”

③ 咸丘蒙之执：咸丘蒙是孟子的弟子，《孟子·万章上》记载其向孟子问了两个问题。第一个问题：道德最高的人，君不能以他为臣，父不能以他为子。舜做了王，尧带领诸侯北面而朝见他，他的父亲瞽叟也北面而朝见他，舜见了父亲，有些局促不安，孔子说，这时，天下岌岌可危了。不知这事是否真实？孟子认为尧朝舜的事是齐东野语，不足信。咸丘蒙又发难，拿出了《诗经·小雅·北山》中的句子，提出了第二个问题：舜做了天子，“溥天之下，莫非王土；率土之滨，莫非王臣”，那么瞽叟为什么不是臣子？孟子曰：“是诗也，非是之谓也……故说诗者，不以文害辞，不以辞害志，以意逆志，是为得之。”孟子批评了咸丘蒙，认为读诗不能因文害义，要透过字面去理解作者的本意。

④ 几何：多少（用于反问）。

性，性即理，言心则理自该，故只言心，无害也。若事物则不可以言心，但有理而已。故不得不属之尔。且如孔子言："仁者，人也。"[①]孟子则言："仁，人心也。"[②]朱子又言："仁者，心之德，爱之理也。"[③]岂孔子之言不及孟子之切，而孟子之言又不及朱子之切乎？要之，孔子只言一"人"字，而孟子、朱子之言，固在其中矣。朱子只言一"心"字，而"理"亦在其中矣，不必拘拘于说之同也。况朱子此言之下，明继之曰："心虽主乎一身，而其体之虚灵，足以管乎天下之理。理虽散在万事，而其用之微妙，实不外乎一人之心，初不可以内外精粗论也。"则是，晦庵于人心、物理，且知其不可以内外精粗论，况心中所具之理，而反不知其不可以二之乎？然则是言也，信非朱子下字之误，乃阳明看书之误尔。

王氏曰：原朱子为格致而说此案卷也，引孟、程之言，为证此援例也。是非曲直昭然立见，且中间辨折精明议论，的确正如老吏断狱，心伏无辞。

---

① 出自《中庸》。
② 出自《孟子·告子上》。
③ 出自《朱熹集注》。

性

“性一而已：自其形体也谓之天，主宰也谓之帝，流行也谓之命，赋于人也谓之性，主于身也谓之心。”

《易》曰：“一阴一阳之谓道。”继之者，善也；成之者，性也。仁者见之谓之仁，智者见之谓之智。则是，在天者只有一阴一阳之道耳。自继此善于人而成之于己，则谓之性。性者，非他也，仁智也。言仁、智则礼义兼举之矣。孟子“仁义礼智是性”之说，程子“性即理也”之说，皆本于此。要而言之，理即是仁义礼智，仁义礼智即是性，性即是善，善即是道，道即是阴阳。但自天言之，谓之道，谓之阴阳；自人言之，谓之善，谓之仁义礼智，谓之性，谓之理云尔。则是，性也者，分明属人而言。今阳明乃曰“性一而已：自其形体也谓之天，主宰也谓之帝，流行也谓之命，赋于人也谓之性，主于身也谓之心”，是以天也、帝也、命也、性与心也皆属之性矣，而可乎？既以是五者而皆属之性，则所谓赋于人而谓之性者，又谁赋乎？岂别为一性乎？盖阳明不识“性”字，把“性”字只当一个太极字看了，所以舛错至此。然天地之性人为贵，是亦以性言天也。何居曰天地之性的“性”字，只当个“生”字？所谓天地之生人为贵也，正如天地无心。而又曰复其见天地之心，非真以为有一个心在焉，只言其死而复生，一似有心然耳。不然则是所谓天聪明者，真有个耳目来视听耶？所谓天步者，真有个足来行耶？大抵说此等处，须要以意去会，不可执定，不比说在人之性便是说人之性也要看得好。盖性虽只是仁义礼智四者之理，然理却不是死物，须有个活动去处，这活动便能显仁藏用，鼓舞万物以成其日新之盛德，富有之大业。程子所谓心如谷种其仁具，生之理是性是也[①]，“性”字正就那活动处而言。所以说他不是理不得说他，即是理也不得。盖说他不是理，则这活动的便要认做知觉运动，陷入“生之谓性”里去。若说即是理，则性又是个四块死杀的物事，无缘做得成性存存道义之门出来。故性者理之机，理者性之实，离也离不得，合也合不得。所以古人说理字，又说性字。其谓仁义礼智即是性，性即是理者，只因自来说性者，都含糊不明，故迫切言之，以晓示学者。其实“与理”差得些子，然却不是两物，此等处须要看得分晓始得。

王氏曰：此篇分别性天本原，勘破阳明病根，殆闻性道而有得者。且“性者理之机，理者性之实”二语不可磨灭。

① 出自《二程遗书》卷十八，程颐云“心譬如谷种，生之性便是仁也”。

《学》《庸》

澄问《学》《庸》同异。先生曰："子思括《大学》一书之义，为《中庸》首章。"

《大学》说"明德"，《中庸》说"性道中和"；《大学》说"格致诚正"，《中庸》说"明善诚身"；《大学》说"新民"，《中庸》说"尽人之性""尽物之性"，此其同也。至于《大学》只说"明德"，《中庸》则推言"天命之性"；《大学》只说"谨独"，《中庸》则推言"戒谨不睹，恐惧不闻"；《大学》只说"忿恨""好乐""已发"之心，《中庸》则推言"未发之中"；《大学》只说齐治平在孝弟慈，《中庸》则推言天地位、万物育、工夫效验。《中庸》比《大学》俱高一层，此其异也。阳明不分别其同异，乃以子思括《大学》一书之义为《中庸》首章，盖但论其大纲意思云尔。夫千圣一心，万古一道，大纲意思岂惟《学》《庸》类哉？以《论语》首章言之，学即明明德也，时习即格致诚正之缉熙也，有朋自远方来即新民也，说乐不愠即喜怒忧惧得正之心也，不亦君子乎即止于至善也。虽谓括《大学》一书之义为《论语》首章可也。以《孟子》首章言之，何必曰利亦有仁义而已者，即明明德也。不遗其亲、不后其君者，即新民也。王曰何以利吾国，大夫曰何以利吾家士，庶人曰何以利吾身，即一人贪戾，一国作乱也。苟为后义而先利，不夺不餍即絜矩之反，而不以义为利，以利为利也。虽谓括《大学》一书之义，为《孟子》首章亦可也。何也？于此不同，不足以谓之圣贤之学也。然又不可缘是而遂谓《学》《庸》《语》《孟》果可尽同也。《大学》说学而规模整密，《中庸》明道而义理精深，

《论语》记言而旨意浑含，《孟子》论事而议论发越，有一书则有一书之格局，有一章则有一章之发挥，苟徒欲得其所以贯通之意，而不详察其文理之精微，虽其一时议论若有可喜，终不免于无星之秤、无寸之尺而已矣。其何以致用而为吾儒之实学哉？此穷经者不可以不审也。

王氏曰：始详《学》《庸》之同异，已属不刊。后复推《语》《孟》之异同，透彻精当。真圣经羽翼，万古不磨。阳明好奇立论，多有浑合之病，至论仙释，亦会吾儒为一，此病之病也。

中　和

“不可谓‘未发之中’常人俱有。盖‘体用一原’，有是体即有是用，有‘未发之中’，即有‘发而皆中节之和’。今人未能有‘发而皆中节之和’，须知是他‘未发之中’亦未能全得。”

未发之中，性也；发而皆中节之和，情也。性情原是一本，中和初非二物，但未发之时，即人生而静以上不容说者也，固无不中。至于发，则或乘之以气拘物蔽之昏，而未必皆中其节矣。譬之木性本直，而遇地有倾侧嵚突之不同，则其影亦因之而异矣。然影虽有异，而木之性则未尝不直也。阳明乃以“不可谓‘未发之中’常人俱有”，又谓“今人未能有‘发而皆中节之和’，须知是他‘未发之中’亦未能全得”，是因影而疑木也，可乎？且如人有不葬其亲，非发不中节乎？见狐狸食之、蝇蚋姑嘬之而颡泚[①]，则以其有未发之中也。兄弟阋于墙，非发不中节乎？外御其侮，则以其有未发之中也。乞祭墦[②]间，非发不中节乎？耻妻妾之见，则以其有未

① 颡泚：表示心中惭愧、惶恐。

② 墦：坟墓。

发之中也[①]。无礼义而受万钟，非发不中节乎？不食嘑蹴[②]之食，则以其有未发之中也。功不加百姓，非发不中节乎？见觳觫[③]而哀，则以其有未发之中也。以土地之故糜烂其民，非发不中节乎？移民移粟，则以其有未发之中也。惟其有未发之中，故先王所以立教以易其恶，以止其中，使人即其所不忍以达之于其所忍，即其所不为以达之于其所为。如子思所谓“致曲”，如孟子所谓“扩充其四端”，如朱子所谓“因其所发而遂明之”，此人皆可以为尧舜，而中和位育之化所以充满布濩[④]于宇宙之间也。阳明此论，但知天下无性外之情，而不知人心无不善之性，正孟子所谓“率天下之人而祸仁义者”[⑤]，必自此言矣。乌可置之勿论哉！

王氏曰：因影疑木，喻甚的确。且历引“已发”“未发”印证见道，

---

① 《孟子·离娄下》记载了一个故事：齐人有一妻一妾而处室者，其良人出，则必餍酒肉而后反。其妻问所与饮食者，则尽富贵也。其妻告其妾曰：“良人出，则必餍酒肉而后反；问其与饮食者，尽富贵也，而未尝有显者来，吾将瞷良人之所之也。”蚤起，施从良人之所之，遍国中无与立谈者。卒之东郭墦闲，之祭者，乞其余；不足，又顾而之他，此其为餍足之道也。其妻归，告其妾曰：“良人者，所仰望而终身也。今若此。”与其妾讪其良人，而相泣于中庭。而良人未之知也，施施从外来，骄其妻妾。由君子观之，则人之所以求富贵利达者，其妻妾不羞也，而不相泣者，几希矣。

② 嘑蹴：出自《孟子·告子上》：“一箪食，一豆羹，得之则生，弗得则死。嘑尔而与之，行道之人弗受；蹴尔而与之，乞人不屑也。”后以“嘑尔蹴尔”喻指无礼的、污辱性的施舍。

③ 觳觫：意思是指恐惧得发抖，恐惧颤抖的样子。出自《孟子·梁惠王上》：“吾不忍其觳觫若无罪而就死地。”

④ 布濩：遍布、布散。

⑤ 出自《孟子·告子上》。

分明提醒人心，与孟子“道性善”旨同。熯问“民之秉彝，好是懿德”[①]，则未发之中当是民秉。居方兄曰：然良知虽属已发，常人所同有，倘若无未发之中，良知亦何自而生？

① 出自《诗经 · 大雅 · 烝民》，意为民众秉持常规，喜好这样的美德。

夜　气

“‘夜气’是就常人说。学者能用功，则日间有事无事，皆是此气翕聚发生处。圣人则不消说夜气。”

夜气之说，非始于孟子。“一气孔神兮，于中夜存。虚以待之兮，无为之先”①，子晋已言之矣。“至虚极，守静笃，万物并作，吾以观其复”②，老氏又言之矣。然皆用之以养生尔。至于观好恶之近于平旦，存仁义之良于几希，则自孟子发之。然在常人有常人之夜气，如求放心于旦昼牿亡③之后者是也。在贤人有贤人之夜气，如静中看喜怒哀乐未发前气象是也。在圣人有圣人之夜气，如定之以仁义中正而主静是也。在天地有天地之夜气，如复其见天地之心乎。不翕聚则不能发散，不专一则不能直，遂是也。阳明乃谓“‘夜气’是就常人说”“圣人则不消说夜气”，此恐未然。

王氏曰：夜气虽天地圣贤皆有，孟子所说夜气是就常人言耳。阳明说亦有见，而此又扩充之，更妙。

熯曰：夜气既为常人所有，则夜气之所由发，当知有未发之中在。

---

① 出自屈原《远游》。

② 出自老子《道德经》第十六章。

③ 牿亡：受遏制而消亡。出自《孟子·告子上》：“虽存乎人者，岂无仁义之心哉？……其日夜之所息，平旦之气，其好恶与人相近也者几希，则其旦昼之所为，有牿亡之矣。”

蓍　　龟[1]

“蓍固是《易》，龟亦是《易》。”

蓍出于羲[2]，龟出于禹；蓍数用偶，龟数用奇；蓍所以筮，龟所以卜；蓍繇[3]以易，龟繇以畴，较然[4]不同审矣。阳明何所见，而谓龟亦是《易》哉？《易》传曰：“天生神物，圣人则之。”“河出图，洛出书，圣人则之。”[5]释者曰：此圣人作《易》之所由也。又曰：《易》有圣人之道四焉，以言者尚其词，以动者尚其变，以制器者尚其象，以卜筮者尚其占。夫以图、书[6]为圣人作《易》之由，以卜筮为《易》之圣人之道。此阳明所以有“龟亦是《易》”之论也。殊不知，此是孔子因图而及书，因筮而及卜。正犹孟子言“禹、稷当平世，三过其门而不入”[7]，因禹而及稷之类耳。使以《易》传之言，而遂谓龟亦是《易》，然则亦可以孟子之言而谓稷真三过其门耶？

---

① 蓍龟：蓍，蓍草；龟，龟甲。两者皆为占卜所用器材。古人以蓍草、龟甲占卜吉凶，因此合称“蓍龟”来指代占卜。

② 羲：指伏羲。有人认为《河图》《洛书》是伏羲作《易》的依据。

③ 繇：古同“宙”，占卜的文辞。

④ 较然：明显貌。

⑤ 均出自《周易·系辞上》

⑥ 图、书：指《河图》《洛书》。

⑦ 出自《孟子·离娄下》。

王氏曰：谓九畴不本于《洛书》，而图、书皆所以作《易》，宋儒刘子澄已有是言。以今观之，书之理本通于图，谓书亦可作《易》是也。但图出于伏羲之时，而八卦已画。禹时《洛书》方出，则不袭伏羲之卦，而但取其数以为九畴耳。蓍、龟之不同为《易》，无疑也。

执　一

问孟子言“执中无权犹执一”。先生曰：“中只是天理，只是易。随时变易，如何执得？须是因时制宜，难预先定一个规矩在。如后世儒者要将道理一一说得无罅漏，立定个格式，此正是执一。”

中是理，权是易，执中无权，所以为执一。阳明却谓中只是易，是但知从权而不知中之当执，但知恶执一而不知遂至于无所执。故其说道理，终不免于罅漏也。且阳明讥诸儒为执一，看来阳明是真执一。何以言之？象山教人，专欲管归一路，阳明得此把柄，故与人议论。不管是与不是、合与不合，件件归到良知处，更无别法，真所谓执一。反谓诸儒要将道理说得无罅漏是执一，然则说道理固欲其有罅漏耶？孟子所以恶执一者，为其举一废百而贼道也。举一废百，正是罅漏。设以无罅漏为执一，圣人之言颠扑不破，曾子之言盛水不漏，皆为执一矣，岂不大失孟子之意耶？故阳明真是执一，真是举一废百，真是贼道，真是孟子所恶。

王氏曰：推勘到底，无所逃遁。

治　生

"许鲁斋[①]谓儒者以治生为先之说，亦误人。"

三代之儒，所以无治生[②]之说者，盖由人君制民之产[③]，有田以食，有室以居，有蚕桑以衣，为之治其生，故不必自治之也。后世则无制产之君矣。虽士尝学问知礼义，然亦人尔。一日不再食则饥，终岁不制衣则寒，决不能枵腹[④]裸形以待毙也。况上有父母，下有妻子，纵能以坚忍自勉，其何以行孝慈乎？曾子敝衣而耕于鲁，是以耕治生者也；子贡之货殖，是以贾治生者也。抱关击柝[⑤]，乘田委吏[⑥]，渊明所谓己之出仕，为饥所驱，是以仕治生者也。贾逵之舌耕，是以教治生者也。严君平之卖卜，韩康之行医，是以医卜治生者也。王福之圬[⑦]，是以圬治生者也。许子捆履织席以为食，

① 许鲁斋：元代许衡。

② 治生：经营家业，谋生计。

③ 制民之产：使百姓有一定的财产。出自《孟子·梁惠王上》："是故明君制民之产，必使仰足以事父母，俯足以畜妻子，乐岁终身饱，凶年免于死亡；然后驱而之善，故民之从之也轻。"

④ 枵腹：空腹，谓饥饿。

⑤ 抱关击柝：意思是守关巡夜的人。比喻职位卑下。出自《孟子·万章下》。

⑥ 乘田：古代掌管畜牧的小吏，主管牛羊的饲养、放牧、蕃息。委吏：古代管理粮仓的小官，要做保管、会计、出纳等事务。根据《孟子·万章下》和司马迁《史记·孔子世家》的记载，年轻的孔子，曾被鲁国的大贵族季氏聘为"委吏"，后又委以"乘田"之职。孔子的仓管干得不错，孟子说他"会计当"（核算得当，账目清楚），司马迁写他"料量平"（出纳钱粮，计量公平准确）。孔子做仓管，大约很令东家满意，不久就委派他一份更重要的差事，那就是乘田。他干得更出色，在他任职期间，牛羊都茁壮成长，并且繁殖得很快。

⑦ 圬：泥瓦工用的抹子，抹墙。

是以捆织治生者也。郭橐驼[①]之种树，移徙无不活，是以树治生者也。昌黎之衣食于奔走，是以奔走治生者也。仲尼为养祭而钓弋，是以猎较治生者也。东平之瓜、成都之桑、长安之橘，是以种植治生者也。皇甫湜之利润笔，是以鬻文治生者也。故曰："治生不待危身取给，则贤士勉焉。本富为上，末富次之，奸富为下。"[②]危身取给者，奸富也，儒者不可为也。若曾子则本富矣，其余皆所谓末也，皆所以治生也，皆儒者所得为也。其言上之、次之者，盖以人之体有强弱，性有逸重，业有本末，遇有顺逆，而为之区别。则如此尔，非谓人之品系于此也。正如夫子论避地、避人、避言之不同，而非有优劣也。又如孟子论士，所就、所去之三，而非有高下也。不然，夫子猎较、曾子躬耕，曾子贤于仲尼矣。故苟可以治生，本可也，末亦可也，但不可因此以夺志尔。苟不以此夺志，则其所以治生者，乃其励志进德之资，可以行孝，可以行慈，可以顾廉耻，可以兴礼义，固儒者所不废也。世儒见孔子以箪瓢屡空贤颜子，以货殖不受命讥子贡，遂耻言"治生"二字，而不知儒者固不必以此为讳也。不然，而上既不制其产，身又不治其生，其不为沟中瘠者几希[③]矣！其何以为从善之地乎？故鲁齐[④]之说，未为误人，然则阳明讥之非欤！或有问阳明以为学、以亲故不免业举之累者，阳明答曰："以亲之故，而业举为累于学，则治田以养其亲者，亦有累于学乎？"由此观之，阳明固亦未尝以治生为误人矣。而其所以讥鲁齐，岂亦为危身夺志者立戒欤？

---

① 郭橐驼：柳宗元《柳河东集》中《种树郭橐驼传》的人物。

② 出自司马迁《史记·货殖列传》。

③ 几希：意思是不多、一丁点儿。

④ 鲁齐：许衡号鲁齐先生。

王氏曰：学何为也，所以成己成物使天地融然太和，共成一个生生之理耳。故危身笃志不知为学者也，怠慌不治生，亦不知为学者也。此皆至当不易之论。

烘曰：此篇总见治生之说，不为误人耳。若夫义命当安之说，未尝不在也。或谓菽水可以承欢尽孝，何必治生，是不然。颜子箪瓢陋巷，犹有箪瓢陋巷在也。今有贫无立锥之儒，不识治生，室人交谪，何言承欢？且曾子敝衣耕鲁矣，其言曰："吾及亲仕，三釜而心乐；后仕，三千钟不洎，吾心悲。"[1]此正是治生以尽孝处。儒者事亲，若曾子可也。苟非为贫而仕，则仕以行义，又自有忘身忘家之道在，与此论不相妨。

① 出自《庄子·寓言》中的曾子再仕的故事。

天 聪 明

“善念发而知之，而充之；恶念发而知之，而遏之。知与充与遏者，志也，天聪明也。圣人只有此，学者当存此。”

善念固当充矣，然何以知其念之善也而充之？恶念固当遏矣，又何以知其念之恶也而遏之？阳明尝言人若实致其良知，则自能知得，即此天聪明之说也。自古天聪明者几人？其意之所起即粹然出于正者，固亦有之，然念虑少差、意见少偏者亦未必其尽无也。故《大学》所以必先格物，《中庸》所以必先择善，以致吾心之知，使其光明净莹无少瑕疵，而后是非善恶不能蔽也。今不加格物、择善之功，而但谓实致其良知则自能知得，是圣贤之训皆无用之剩语，而一任其聪明之所作用矣。其不务为穿凿而见恶于孟子也者几希？夫镜之欲发其明也，必视其体之清浊，以多寡其药物而磨之，然后镜可得而明也。有贱工于此，必去药物而磨之，以为镜体本明，吾但磨之足矣，何必借资于外物？然磨愈力而镜愈昏，卒之，明不可得而顽然一铜矣。由此观之，虽天聪明之尽者，要亦不可以无开发之助。而况天聪明者一二，不天聪明者千百，岂可望一二于千百，而竟以致良知为致知之功乎？然阳明所以为是言，亦未必谓天下之学者果皆天聪明之士而可无事于此也，盖由误认“良知”二字之义尔。孟子曰：“人之所不虑而知者，其良知也。”则良知之良非善也，不过以其不假于思虑而出于天性自然之谓也。“孩提之童，无不知爱其亲也；及其长也，无不知敬其兄也。”固为不虑而知矣，然孩提之童，无不知甘其食也；及其长也，无不知悦其色也，此岂待虑而知者乎？爱亲、敬长、甘食、悦色，既皆不虑而知，则是皆可以谓之良知矣。故曰："口之于味也，目之于色也，耳之于声也，鼻之于臭也，四支之于安佚也，性也，有命焉，君子不谓性也。仁之于父子也，义之于君臣也，礼之于宾主也，知之于贤者也，圣人之于天道也，命也，有性焉，君子不谓命也。"[①] 声、色、臭、味、仁、义、天、道，而皆归之性；爱亲、敬长、甘食、悦色，而皆谓之良知，其义一也。但当时知食色之为性，而不知仁义之为性，故孟子于论良知，特举重而言之，恐为多欲者立赤帜也，而非以甘食悦色有碍于良而故遗之也。阳明见其独举爱亲、敬长而不及甘食、悦色，遂以为人之良知以其有爱亲、敬长之良心而谓之良。呜呼！使以其爱亲、敬长之良心而谓之良，何其论眸子之良而亦兼夫瞭与眊也耶？观眸子之良不止于瞭，则知良知不止于爱亲、敬长；良知既不止于爱亲、敬长，则致良知者又安能必其不出于爱亲、敬长之外而实致之哉？是故以爱亲、敬长之知而实致之，则心体清明，义理昭著，而于意念之所发，自能洞见其是非好恶之所在而无遗矣。苟以其甘食、悦色之知而实致之，将不至于紾[②] 兄之臂而夺之食，逾东家墙而搂其处子[③] 不止也。如此则心志蛊惑，四体缪迷，以是为非，以非为是，以贤为不肖，以不肖为贤。如瞽者眯目而簸糠，上下四方易位矣。安能于意念之所发，而知其善恶以充之、遏之乎？然则阳明虽说良知，其实未知良知。而彼又确然自信以为真知，于凡意之所起，皆以为善而着实推致，不使少有依违迁就于其间，甚而破格越调，为人之所不敢为。或有论议，则倚借讲学之名以鄙薄之曰：此流俗，不足顾也。世人本无学

① 出自《孟子·尽心下》。

② 紾：扭转。

③ 两者均出自《孟子·告子下》。

术，见其如此，遂以为或者其果是也，而靡然从之。此自古收名鬻伪之士所以玩侮天下而愚之，大抵皆用此术。如乡愿自以为是[①]；如色取仁而行违者，居之不疑[②]；如少正卯言伪而辨，行僻而坚[③]；如小人之中庸，小人而无忌惮。盖以自己不信，安能使人之必信？自己疑于所行，安能使人之必行？故虽或明知其有所未安，而且执之以不回也。然而自信愈笃，则所行愈悖；所行愈悖，则其流毒愈深，何也？小人之为不善也，犹必有所顾忌，如闲居为不善者[④]，厌然于见君子之时，是其心犹知君子之可畏也。其心犹知君子之可畏，是其不善犹可以君子惧之使不纵也。而今所为若此时，又甚于闲居不善之小人，而凶邪强戾，其毒将胶固深结而不可解矣。世人饮其毒以至颠踣晕厥滨死者数矣，而犹幸残喘之仅存，以为长生妙药也，方且匍匐以告人。呜呼！何其愚哉。

王氏曰：即爱敬亦有多少节目委曲，若不讲求有，爱非所爱，敬非所敬，心自为孝弟而沦于不孝不弟矣。夫六言六蔽必曰好学，阳明欲人自致其良知，何哉？

---

① 乡愿这个词最早出现在《论语·阳货》中。子曰："乡愿，德之贼也。"《孟子·尽心下》中做了具体描述："言不顾行，行不顾言，……阉然媚于世也者，是乡愿也。""非之无举也，刺之无刺也。同乎流俗，合乎污世。居之似忠信，行之似廉洁。众皆悦之，自以为是，而不可与入尧舜之道，故曰：德之贼也。"

② 出自《论语·颜渊》："夫闻也者，色取仁而行违，居之不疑。"

③ 少正卯这个人物出现在典籍中，最早是《荀子·宥坐》第二十八篇，里面提到："夫少正卯，鲁之闻人也，夫子为政而始（先）诛之，得无失乎。"司马迁《史记·孔子世家》云："（鲁）定公十四年，孔子年五十六，由大司寇行摄相事……于是诛鲁大夫乱政者少正卯。"理由是少正卯兼有五种恶行，即"心达（或作"逆"）而险、行辟而坚、言伪而辩、记丑而博、顺非而泽"，已是小人之枭雄，所以非杀不可。后来的《尹文子》《说苑》《孔子家语》等书都引用《荀子》的说法，认为孔子杀了少正卯。

④ 出自《大学》："小人闲居为不善，无所不至。"

大本达道

澄问："喜怒哀乐之中和，其全体常人固不能有。如一件小事当喜怒者，平时无有喜怒之心，至其临时亦能中节，亦可谓之中和乎？"

先生曰："在一时一事，固亦可谓之中和，然未可谓之'大本''达道'。人性皆善，中和是人人原有的，岂可谓无？但常人之心既有所昏蔽，则其本体虽亦时时发见，终是暂明暂灭，非其全体大用矣。无所不中，然后谓之'大本'；无所不和，然后谓之'达道'。"

平时无有喜怒之心者，中也。临时亦能中节者，和也。中即性也，和即情也，性情即道也。道一而已矣，在全体大用，固此道也，初无所加；在一时一事，亦此道也，初无所损。阳明乃谓一时一事之中和，未可谓之"大本""达道"，必无所不中而后谓之"大本"、无所不和而后谓之"达道"，是以道为有二也。齐宣易牛不过一事之中和耳，而孟子以为是心足以王[①]；宋景君人之言三不过一言之中和耳，而荧惑

① 齐宣王以羊易牛之事，见于《孟子·梁惠王上》。有人牵牛从殿下走过，齐宣王问往哪里去。那人答道，宰了作祭祀用。齐宣王见牛哆嗦可怜，没有罪过，就以羊易牛。孟子以为，有这样的好心就可以一统天下了！"是心"，就是孟子常赞美的"不忍人之心"！而"不忍人之心"，体现在治国之术上，就是仁政，就是王道，与那种以武力一统天下的霸道是对立的。孟子"尊王贱霸"，为后世称道。

为之退舍[①]。然则大本达道，何必无所不中、无所不和而后可哉？譬之击石之火，只星星子耳，才引着便可以燎原，故星星之火即燎原之火，非小也；燎原之火即星星之火，非大也。知火则知中和矣。故事无所谓大，传禅亦寻常也；亦无所谓小，一介即千驷[②]也。时无所谓久，天地亦须臾也；亦无所谓暂，殇子[③]即彭聃[④]也。阳明每以剖藩篱[⑤]观昭旷，自伟其识者，而见不及此，何哉？

王氏曰："大本""达道"即中和，便是一时之中和，一时之"大本""达道"也；一事之中和，一事之"大本""达道"也。所辨甚当。

---

① 宋景三言，荧惑退舍，事见《史记·宋微子世家》。宋景公是春秋时宋国国君，有一年，火星（即荧惑）移至二十八宿之一的心宿，其兆对宋国国君不利，景公为此很不安。当时掌管星象的子韦说："我有办法把它转到丞相身上。"景公说："丞相是我治国的股肱。"子韦说："可以转给百姓。"景公说："国君靠的就是百姓。"子韦又说："可以转到年成上。"景公说："年成歉收，百姓饥乏，我又做谁的国君？"子韦赞叹道："上天善能体察下情，您既有这堪为国君的三句话，火星应该会移走的。"不久，火星果然移开了三度。

② 千驷：四千匹马。

③ 殇子：指未成年而死者，短命的人。

④ 彭聃：彭祖与老聃的并称。传说二人均极长寿。

⑤ 藩篱：比喻门户或屏障。

中

曰："澄于'中'字之义尚未明。"曰："此须自心体认出来，非言语所能喻。中只是天理。"曰："何者为天理？"曰："去得人欲，便识天理。"曰："天理何以谓之中？"曰："无所偏倚。"曰："无所偏倚是何等气象？"曰："如明镜然，全体莹彻，略无纤尘染着。"曰："偏倚是有所染着。如着在好色、好利、好名等项上，方见得偏倚，若未发时，美色名利皆未相着，何以便知其有所偏倚？"曰："虽未相着，然平日好色、好利、好名之心，原未尝无；既未尝无，即谓之有；既谓之有，则亦不可谓无偏倚。譬之病疟之人，虽有时不发，而病根原不曾除，则亦不得谓之无病之人矣。须是平日好色、好利、好名等项一应私心，扫除荡涤，无复纤毫留滞，而此心全体廓然，纯是天理，方可谓之喜怒哀乐'未发之中'，方是天下之'大本'。"

未发之中，纯是天理，寂然廓然，无所偏倚，阳明谓其"如明镜然，全体莹彻，略无纤尘染着"似矣。然又谓美色名利虽未相着，而其"平日好色、好利、好名之心，原未尝无"，"譬之病疟之人，虽有时不发，而病根原不曾除，亦不得谓之无病"，则有深可疑者。盖疟乍发乍止，乍止乍发，则发固疟也，其不发之时亦疟也。今乃以不发之疟，况未发之中是未发之中，特其好色、好利、好名之心未形见者尔，如此何以为天下之大本耶？何其与明镜之言自相戾耶？镜本无尘，而尘生于染；人本无疟，而疟生于病；心本无偏倚，而偏倚生于意。故未发之中，即无疾之人，无尘之镜也。而以病疟喻之，岂非引喻之失当者耶？何以异于荀卿之以性为恶者耶？此段本论未发之中，而反覆玩之，始则曰“去得人欲，便识天理”，末则曰“须是平日好色、好利、好名等项一应私心，扫除荡涤，无复纤毫留滞，而此心全体廓然，纯是天理，方可谓之喜怒哀乐为‘未发之中’”，皆是偏倚之后，下致中工夫的说话，非所以为“未发之中”也。岂其溺于良知之学，皆从已发处见得而为是言耶？其亦失之远矣。

王氏曰：是是非非昭然可睹，若有辨，若未始有辨。

格致诚意

“工夫难处，全在格物致知上，此即诚意之事。”

阳明之学，以诚意去格物，把诚意、格物，滚作一团，故以为工夫难处全在格物致知上，言格致以该诚意也。然格物、诚意分明是两段工夫，阳明乃浑言之，所以格不成格，诚不成诚，工夫都无下落。周子尝言：“几善恶。”程子亦谓“其要只在谨独”。看来工夫难处，还在诚意。只观传《大学》者，释格物致知、释正心修身、释修身齐家、释齐家治国、释治国平天下，皆合两事为一传，而惟于诚意则独为一传以释之，其意自可见矣。然程子亦曰：“格物穷理，但立诚意以格之，其迟速则在乎人之明暗耳。”岂程子亦不知《大学》“知至而后意诚”之说，而为是艰难险绝之论乎？曰：此疑最切。昔人亦有举此问朱子者，朱子曰：“此‘诚’字说较浅，未说到深处，只是确定其志，朴实去做工夫，如胡氏‘立志以定其本’，便是这意。”① 此与经文诚意之说不同也。又曰：“诚意不立，如何能格物？所谓立诚意者，只是要着实下工夫，不要若存若亡。若《大学》‘物格而后知至，知至而后意诚’，盖言其所止之序。”② 由此观之，则其所谓立诚意者，即所谓“致知在乎所养”之“养”字，“入道莫如敬”之“敬”字，与夫“非存心无以致知”之“存”字云尔。故不徒曰“诚意”，而必曰“立诚意”，精神骨力全在“立”字上。但说了“诚意”二字，便与经文“诚意”二字相涉。阳明既剿得此语，又适

① 出自《朱子语类》卷十八《大学五或问下》。

② 同上。

见古本《大学》之误，遂毅然斥朱子分章补传之非，而不知程子之意固非此之谓也。大抵读书当会其意，不当泥其词。会意则通，而得圣贤之心；泥词则滞，而害作者之志。如《中庸》言“喜怒哀乐之未发，谓之中；发而皆中节，谓之和”，而周子[①]则曰“中也者，和也，中节也，天下之达道也”[②]，岂故与《中庸》戾哉？惟以意通之，而知其不相悖也。《大学》言“修身在正其心”，而孟子则曰“必有事焉，而勿正心”，岂故与大学反哉？惟以意逆之，而知其不相害也。故物格而后知至，而后意诚者，经文之正意也。格物穷理，但立诚意以格之者，程子之借词也。以诚意去格物，而谓格物致知即诚意之事者，阳明之蹈袭而失其旨者也。

王氏曰：说程子之言与经文诚意之说不同，极中理解，又辨程子之言不可泥，痛快切当。

---

① 周子：即周敦颐。

② 语出周敦颐《通书》。

儒墨

问："程子云：'仁者以天地万物为一体。'何墨氏'兼爱'反不得谓之仁？"

先生曰："此亦甚难言，须是诸君自体认出来始得。仁是造化生生不息之理，虽弥漫周遍，无处不是，然其流行发生，亦只有个渐，所以生生不息。如冬至一阳生，必自一阳生，而后渐渐至于六阳，若无一阳之生，岂有六阳？阴亦然。惟其渐，所以便有个发端处；惟其有个发端处，所以生；惟其生，所以不息。譬之木，其始抽芽，便是木之生意发端处；抽芽然后发干，发干然后生枝生叶，然后是生生不息。若无芽，何以有干有枝叶？能抽芽，必是下面有个根在。有根方生，无根便死。无根何从抽芽？父子兄弟之爱，便是人心生意发端处，如木之抽芽。自此而仁民，而爱物，便是发干生枝生叶。墨氏兼爱无差等，将自家父子兄弟与途人一般看，便自没了发端处；不抽芽便知得他无根，便不是生生不息，安得谓之仁？"

墨氏所以不得为仁者，非谓其发端之无渐也。施由亲始，是犹知有始矣，亦非谓其二本而无父也。施由亲始，是犹知有亲矣。故阳明没端无根之论，虽若辨析，要不足以服其心也。程子曰："仁者以天地万物为一体，莫非己也，认得为己，何所不至？"[①] 可见先有己，而后以天地万物为己，故曰"一体"。子曰"己欲立而立人，己欲达而达人"[②]，

① 出自《二程遗书》中程颢的话。

② 出自《论语·雍也》。

传曰“贤者以其昭昭，使人昭昭”[1]，又曰“有诸己而后求诸人”[2]，又曰“自爱乃能爱人，爱人乃能爱物”[3]，皆以己及人之谓。“墨氏兼爱，摩顶放踵利天下，为之”[4]，非不似一体也。然欲利天下而摩顶放踵，则并其欲利天下之一身已先灭之矣，其何以及人而利天下？身在井上，然后可救井中之人。若从之于井，则不复能救之矣。仁者，身在井上者也。墨氏，从之于井者也。知从井者之非仁，则知墨氏之不得为仁矣。或曰：“‘摩顶放踵’，孟子形容之耳，非实事也。”是又不然。佛氏广大慈悲，至舍身豺虺蚊虻而不恤，曰：“吾以是广度众生。”然则佛氏亦非实事耶？杨、墨，一也。禽子问杨子曰：“去子体之一毛以济一世，汝为之乎？”杨子曰：“世固非一毛之所济。”“假济，为之乎？”杨子弗应。然则杨子亦非实事耶？

王氏曰：阳明有见于兼爱无父[5]之言，此有见于摩顶放踵之言，皆本诸《孟子》，而各有一理也。

---

① 出自《孟子·尽心下》。

② 出自《大学》。

③ 语出宋代理学家胡寅，见黄宗羲《明儒学案·衡麓学案》。

④ 出自《孟子·尽心上》。

⑤ 兼爱无父：出自《孟子·梁惠王下》。孟曰：“杨朱利己，是无君也；墨子兼爱，是无父也；无君无父，是禽兽也。”

心　理

问：“延平云：‘当理而无私心。’‘当理’与‘无私心’如何分别？”

先生曰：“心即理也，‘无私心’即是‘当理’，未‘当理’即是私心。若析心与理言之，恐亦未善。”

“当理”以事言，“无私心”以心言，此“当理”与“无私心”之别也。文中子曰：“心迹之判久矣。”[①] 天下固有事当理而心则私者，如召陵之师[②]问楚之沈昭王，事非不正也，而其心只欲假此以服楚耳。缟素之师击项之弑义帝[③]，事非不当也，而其心亦欲因是以制项耳。然则岂可因其事而与其心哉？亦有心虽无私，而事不当理者，如崔浩之直书时事[④]，心岂有私也？然其事适足以暴扬国恶。王荆公之青苗等法[⑤]，心岂有私也？然其事适足以骚动邦本。又岂可以因其心而与其事哉？由前言之，当理而无私心之谓仁，延平之

① 文中子：王通，字仲淹，是隋朝山西的一位私人教育家。死后其门弟子私谥为“文中子”。该句出自《中说》一书，据传是王通所作，又有人认为是王通门弟子姚义、薛收汇编而成，内容大体是弟子们对其师言行的回忆和追录。

② 召陵之师：指的是春秋五霸之首的齐桓公讨伐楚国时的军队，有一千数百乘兵车的兵力，在当时是前所未有的巨大兵力。

③ 指刘邦借项羽杀义帝之机，打着为君报仇的名义，命令三军缟素为义帝发丧，并联合各路诸侯一起讨伐项羽的故事，见《史记·项羽本纪》等。通过为义帝发丧，刘邦在秦末的诸侯混战中抢得了道义制高点，使他的汉军在舆论之中成为正义之师，为最后楚汉战争的胜利奠定了坚实的基础。

④ 崔浩是北魏杰出的政治家、军事谋略家，因编写魏国国史《国记》，秉笔直书，尽述拓跋氏的历史而无所避讳，被指控有意暴扬国恶，因此被太武帝诛杀。

⑤ 指北宋王安石推行青苗法，其最初的动机是“富民”“强兵”。但事实上，青苗法在实施过程中出现了一系列问题，后于元丰八年（1085）宋神宗去世后废止。

说是也。由后言之，无私心而合天理之谓仁，朱子之说是也。然而事当理者，恒多假之易也；心无私者，恒少性之难也。圣人惧世之立伪行以乱真、盗虚声以眩实，因立为观人之法。曰："视其所以，观其所由，察其所安。"[①] 夫"视其所以"，是视其事之当理否也。而继之"观其所由，察其所安"，是察其心之无私否也。故夷齐之让[②]，必以心之无怨而后信其仁。苟不知其心，则虽忠清如子文[③]、文子[④]之难能，亦不轻与也。今阳明乃谓无私心即是"当理"，未"当理"便是私心，则观人者，视其所以而足矣，观其所由、察其所安不殆于言之赘而法之深耶？

王氏曰：阳明有混淆之失，此辨深得圣人之旨。又曰：论道者悯斯世之陷溺，而欲救正之心可谓无私矣。然立言之间，或矫枉过正，安可谓"当理"也？心本无私，而不当于理，便非仁者之言矣。况务为名高而欲夸耀天下，心又未必无私者乎。

---

① 出自《论语·为政》。

② 夷齐之让：出自《史记·伯夷列传》。伯夷、叔齐，孤竹君之二子也。父欲立叔齐，及父卒，叔齐让伯夷。伯夷曰："父命也。"遂逃去，叔齐亦不肯立而逃之。

③ 子文：斗谷于菟，芈姓，字子文，斗伯比之子，春秋时期楚国著名的令尹，三任首辅，"自毁其家，以纾国难"。在《论语·公冶长》中，孔子对学生们赞赏子文行事曰："忠矣。"

④ 文子：孔文子，指卫国大夫孔圉。他聪明好学，是个非常谦虚的人。孔圉死后，卫国国君赐给他一个"文公"的称号，后人就尊称他为孔文子。《论语·公冶长》中记载了子贡与孔子的一段对话："子贡问曰：'孔文子何以谓之文也？'子曰：'敏而好学，不耻下问，是以谓之文也。'"

卷　三

涵养讲求

侃问："专涵养而不务讲求，将认欲作理，则如之何？"

先生曰："人须是知学。讲求亦只是涵养。"

阳明尝谓朱子"即物穷理"之说"务外遗内，博而寡要"[①]，是"玩物丧志"[②]。又谓"于事事物物上求至善，却是义外"[③]。又谓"圣人到位天地，育万物，也只从未发之中养来"[④]。后儒不明格物之说，见圣人无不知无不能，便欲于初下手时讲求得尽，岂有此理？又谓"养得心体，果有未发之中，自然发而中节，无施不可。苟无是心，虽预先讲求得世上许多名物度数，与己原不相干，只是装缀，临时自

① 博而寡要：意思是学识丰富，但不得要领。

② 该评价出自《王阳明全集·传习录中·答顾东桥书》第 51 页。

③ 出自《王阳明全集·传习录上》第 2 页。

④ 原文如下："圣人到位天地、育万物，也只从喜怒哀乐未发之中上养来。"出自《王阳明全集·传习录上》第 16 页。

行不去”[①]。又谓世儒“舍心逐物，将格物之义错看了，终日驰求于外，只做得个义袭而取，终身行不着，习不察”[②]。观此数段，可见阳明专欲在涵养上用功，而不必讲求矣。“认欲作理”之问，正是把阳明当顶门一针，于是复逃遁。为人“须是知学”“讲求亦只是涵养”之说，其实非其本意也。使果以讲求为只是涵养，则朱子即物穷理，正讲求之事也，何独不以为涵养而谓之玩物丧志哉？吾闻佛氏善遁见，人说他是空，他便语实际；见人说他无父母，他便谈父母经；见人说他怖死，他便脔身烙臂曰“登正觉”；见人说他贪财，他便委身蚊蚋曰“舍内财”；见人说他忍，他便说大悲愿力尽度众生；见人说他是夷，他便说洛阳是神州别中而天竺为中。阳明学于佛氏，故得其邪遁之法，以为周遮之说。而不知其欲盖弥章，只益其文过饰非之尤而已，无益也。阳明亦尝深考或问乎？或问：“格物致知之学，与世之博物洽闻者，奚以异？”朱子曰：“此以反身穷理为主，而必究其本末是非之极至；彼以徇外夸多为务，而不核其表里真妄之实。究其极至，是以知愈博而心愈明；不核其实，是以识愈多而心愈窒。”[③]由此观之，博物洽闻且不足以言格物致知矣，况得以玩物丧志讥之哉？然则朱子之说，固得以兼乎阳明。而阳明者，盖由不知朱子而妄为之说者也。

王氏曰：直事涵养，乃阳明本旨。讲求亦只是涵养，乃牵搭之言耳。辨为遁辞，其说穷矣。

---

① 出自《王阳明全集·传习录上》第24页。

② 出自《王阳明全集·传习录上》第34页。

③ 此一问一答，参见《朱子全书·四书或问》，上海古籍出版社，2002，第532页。

朱王同异

“吾说与晦庵时有不同者，为入门下手处有毫厘千里之分，不得不辩。”

阳明之学，只在致良知。致良知，只在去人欲存天理。千言万语皆是此意。愚考晦庵平日之所究心，以为极看得透者，在《大学》一书。而《大学》者，又程子所谓“初学入德之门也”[①]。使其入门下手处果与阳明不同，则必于此异之矣。然其言“明德者，人之所得乎天，而虚灵不昧，以具众理而应万事者也”[②]，非即阳明所谓良知者乎？其言“但为气禀所拘，人欲所蔽，则有时而昏；然其本体之明，则有未尝息者”[③]，非即阳明所谓“虽昏塞之极，而良知未尝不明”[④]者乎？其言“学者当因其所发而遂明之，以复其初”[⑤]者，非即阳明所谓“致良知”者乎？其言“至善必有以尽夫天理之极，而无一毫人欲之私”[⑥]者，非即阳明所谓“去人欲，存天理”者乎？而阳明顾自异之，以为入门下手不同，何哉？盖阳明本学晦庵之学，而欲以新奇耸天下之听闻，非创立一说不可。故论格物、论知行、论博约、论精一、论居敬穷理、

① 此为朱熹在《大学章句集注》中引用程颐的话，原文如下，子程子曰：“大学，孔氏之遗书，而初学入德之门也。”

② 出自朱熹《大学章句集注》中对“大学之道，在明明德，在亲民，在止于至善”的解释。

③ 同上。

④ 出自《王阳明全集·传习录中》第69页。

⑤ 出自朱熹《大学章句集注》中对“大学之道，在明明德，在亲民，在止于至善”的解释。

⑥ 出自朱熹《大学章句集注》对“至善”的解释，也见于《王阳明全集·传习录上》第2页引用朱熹的话。

论涵养讲求、论尊德性道问学、论知天事天立命，皆与晦庵相反，以为见得本原，而不知说来说去终不能逃于晦庵。《大学》明德至善之说，明者一见自当了然，而世之学者乃附和之，以朱子为支离、阳明为简截，可哀也已。又曰“良知”虽与“明德”一般，然言“明德”[①]则无病，才说“良知”[②]便有“良能”作对[③]，便作偏了。

王氏曰：原心之论，至当不易。

① 朱熹讲“明德”。

② 阳明讲“良知”。

③ 指与孟子原意不符。

天理人欲

“吾辈用功只求日减，不求日增。减得一分人欲，便是复得一分天理。”

养心莫善寡欲，克己乃能复理。阳明所谓“减得一分人欲，便是复得一分天理”者，意出于此。但说得太快，未免有失。盖“天理”犹元气也，“人欲”犹邪气也。人惟耗损其元气，则邪气入之而微疾矣。治疾者，不攻其邪气，则元气固无可复之理。然使邪气既退之后，而所以调摄将养者不加之意，则其元气亦必不能充满而积实也。故瞑眩以攻其邪气，摄养以复其元气，则为无疾人矣。察治以减其人欲，涵养以复其天理，则为无欲人矣。阳明此论，是以其治疾者而概养生也，可乎？

王氏曰：求减人欲，乃圣人以克己为先之意。既察治，又涵养，始为全功，乃至正之论。

六籍考索

“孔子退修六籍，删繁就简，开示来学，亦大段不费甚考索。”

孔子赞《易》，韦编三绝，谓其不费考索，诬矣。

王氏曰：言简旨透。

朱子著书

“文公早岁便著许多书，晚年方悔是倒做了。”

盖不悔者不改也，不改者不悔也，悔所以改也。若朱子晚年果悔著书之倒做，则当及此改之大改前日之所为，而不复著书矣。然年至七十，且注《离骚》；易箦之时，犹改《大学》。则其著书之心，虽至于死而不忘也，何名为悔哉意者！阳明见其《答张敬夫》书有云：“平日解经……多是推衍文义，自做一片文字……使人看者将注与经作两项工夫……方知汉儒可谓善说经者，不过只说训诂，使人以训诂玩索经文，训诂经文不相离异，只做一道看了”，故遂以朱子为悔，而不知此言解经之法当如此耳，非谓己之著书是倒做而悔之也。然经固知当解矣。老而注《离骚》，是亦不可以已[①]乎。曰《国风》好色而不淫，《小雅》怨诽而不乱，《离骚》则固兼之者也。《风》《雅》之词，夫子犹勤删述；《离骚》之赋，朱子何惜讨论。且屈子怨生而作《离骚》，朱子盖重

① 已：终止。即《说文解字》所谓的“已也”。

有感也宁宗之不明，犹楚怀、项襄也。韩侂胄[①]、林栗[②]之谗妒，犹令尹子兰、上官大夫[③]也。既逐其身，又逐其徒，至自号遯翁[④]，虽一札子而不敢上，犹屈子之穷也。身虽遯乃心罔不在王室，犹屈子放流眷顾楚国不忘欲返也。则其每有味于其言，而为之注释者，岂徒以其词而已哉。

王氏曰：著书不必论早晚，但恐人不能著。著者未必成书耳，不然程子所谓"天地间一蠹"可嗤也。论注《离骚》一段，既见他不是悔早年倒做，且推原朱子之心，洞若观火，晦庵知己也。

---

① 韩侂胄：字节夫，相州安阳（今河南安阳）人，南宋权相。绍熙五年（1194），与知枢密院事赵汝愚等人策划绍熙内禅，拥立宋宁宗赵扩即位，以"翼戴之功"，初封开府仪同三司，而后官至太师、平章军国事。韩侂胄任内禁绝朱熹理学，贬谪以宗室赵汝愚为代表的大臣，史称"庆元党禁"。

② 参见《宋史·林栗传》：朱熹以江西提刑召为兵部郎官，熹既入国门，未就职。栗与熹相见，论《易》与《西铭》不合。至是，栗遣吏部趣之，熹以脚疾请告。栗遂论："熹本无学术，徒窃张载、程颐之绪余，为浮诞宗主，谓之道学，妄自推尊。望将熹停罢，姑今循省，以为事君无礼者之戒。"上谓其言过当，而大臣畏栗之强，莫敢深论。太常博士叶适独上封事辩之曰："考栗之辞，始末参验，无一实者。其中谓之道学一语，无实最甚。"于是侍御史胡晋臣劾秉，罢之，出知泉州，又改明州。奉祠以卒，谥简肃。

③ 令尹子兰、上官大夫：此二人是屈原的政敌，阻止楚怀王接受屈原的意见，而且使怀王疏远了屈原。

④ 遯翁：宋宁宗庆元元年（1195），南宋朝廷爆发了一场反"道学"运动，右丞相赵汝愚被罢出朝，兵部侍郎章颖、国子祭酒李祥、临安知府徐谊、国子博士杨简等抗论留汝愚，太府寺丞吕俭上《封事》为赵辩解，都以赵党而相继被罢斥。其时朱熹认为自己"蒙累朝知遇之恩"，草拟《封事》数万言，极陈奸邪蔽主之祸，为赵丞相辩护，诸门生迭更进谏无效。蔡元定遂以筮决之，遇"遯之同人"（一说遯之家人）。朱熹默然引退，取谏稿焚之，更号"遯翁"。

花 间 草

侃去花间草，因曰：“天地间何善难培，恶难去？”

先生曰：“未培未去尔。”少间，曰：“此等看善恶，皆从躯壳起念，便会错。”侃未达。曰：“天地生意，花草一般，何曾有善恶之分？子欲观花，则以花为善，以草为恶；如欲用草时，复以草为善矣。此等善恶，皆由汝心好恶所生，故知是错。”

善虽难培也，用力培之，何善不滋？恶虽难去也，用力去之，何恶不尽？故未培未去一言，已足以答侃矣。至于少间所论，则佛氏邪淫之旨，而非儒者之言也。何以言之？天地生意，花草固一般，然其材质之宜、臭味之性，则物物各具于乾道变化之中，而善善恶恶至纷若也。如花则培之，以其悦目也，非有悦于我也；花间之草则去之，以其蠹花也，从其去于蠹也。花固善矣，亦有为妖花而不祥者；草固恶矣，亦有为灵草而甚珍者。所谓物之不齐，物之情也。故天之生物也，必因材而笃，以显其广生、大生之仁。圣人之理物也，亦必因物而就，以成其不过、不遗之能。阳明徒见观花则以花为善、草为恶，而时乎用草复以草为善，因谓此等善恶皆从躯壳起念，皆由汝心好恶所生，而知其错。则是物之善恶在我而不在物，而为佛氏无善无恶之说矣。呜呼！无善无恶故无错，有善有恶便会错。既以为无，而又指其错，何其自相背也！盖阳明不明格物诚意之学，而以意之所用为物，故遂以好恶为善恶，而不知其背之至此尔。试即其言而推之：如淇竹，况君子之斐善矣，乃杜甫却言恶竹，应须斩万竿；山茅塞高，子之心恶矣，乃《易》传却言茅之为物薄而用可重；纫兰为佩，贵之也，而见其在门则必锄；芾厥丰草，贱之也，而窗前得意则不去。此皆所谓“从躯壳起念”“由汝心好恶所生”者。但“念”何从起，“心”何从生？见善则好，见恶则恶，是好恶从善恶而生，非善恶由好恶而生也。善恶既不生于好恶，则物理本自天定，岂因躯壳而变哉？譬之用药，参苓，其善者也；乌附，其恶者也。欲养生，固以参苓为善、乌附为恶矣。如疾非乌附不可而用之，要亦以权用而终不谓善也。譬之使人，信义，其善者也；贪诈，其恶者也。当平世，固以信义为善、贪诈为恶矣。如势非贪诈不行而使之，要亦以权使而终疑其心也。故能明乎格物诚意之学，则必知善恶之所在而区以别之，栽培、倾覆一循其自然之理，人官物曲各中其当。然之则极而裁成辅相[①]，参赞弥纶[②]，自此而驯致之矣。当斯时也，好恶不作于思，惟善恶咸归吾陶冶。无所谓错，亦无所谓不错，神化融于无迹，而天地与之同流，此盖至诚尽性之极功，而非学者所可骤而语者也。彼阳明之空旷，佛氏之邪淫，窥其似尔，窥其似而，昌言之几何而不为贼道之尤哉？

王氏曰：物之善恶固有定体，人之好恶亦有常情，其有或纯于好，或纯于恶；或始好终恶，或始恶终好；或好中有恶，或恶中有好，亦各因其物之善恶不同，而非以我之好恶生彼之善恶也。今阳明谓物无善恶，似乎昧物理。又谓因好恶生善恶而恐其错，似乎薄人情。皆非定论矣。此篇前段透切，后段精彻。

---

① 裁成辅相：比喻有所作为。裁成，裁剪制成。辅相，辅助，帮助。

② 参赞：源于《周易·系辞传》中“参赞天地之化育”，指人与天地自然间的参与和调节作用。弥纶：统摄，贯通。

分两喻圣

德章曰："闻先生以精金喻圣，以分两喻圣人之分量，以锻炼喻学者之工夫，最为深切。惟谓尧、舜为万镒，孔子为九千镒，疑未安。"

先生曰："此又是躯壳上起念，故替圣人争分两。若不从躯壳上起念，即尧、舜万镒不为多，孔子九千镒不为少。"

尧舜者，得位得时之孔子也；孔子者，不得时之尧舜也。尧、舜、孔子，只一般以孔子贤于尧舜者，私孔子者也，固非也；以孔子为九千镒者，小孔子者也，尤非也。阳明见德章未安之疑，遂亦不敢自安，遁而为躯壳起念之说。使果以替圣人争分两为躯壳起念，则阳明前日以分两喻圣人分量者，独非躯壳起念乎？使前日之喻非躯壳起念，何独以今日之疑为躯壳起念乎？既自以为不从躯壳起念、不替圣人争分两，何不以孔子为万镒，尧、舜为九千镒乎？要之，万镒为多，九千镒为少者，多多少少余之所知也。万镒不为多，九千镒不为少者，以多为少，以少为多，余之所不知也。余固知其为遁也，欲自救其九千镒之说，故为是澜翻之辩。而终不能使九千镒之为万镒也，吾是以又知其穷也。是犹鸡两足臧两耳，而辩者必曰鸡三足臧三耳，其实言两者易也而是也，言三者难也而非也。亦犹洛阳天下之中，而辨者必曰"我知天下之中央，越之南、燕之北"也。其实言洛阳者易也而是也，言越南燕北者难也而非也。呜呼！阳明学朱子则斥朱子，而又惧人之讥其背朱也，则又为晚年定论以救之。学孔子则小孔子，而又惧人之疑其叛孔也，则又为躯壳起念之说以救之。取舍不常，言论靡定。若阳明者，真躯壳起念者也。呜呼！

朱子已矣，圣如孔子乃亦不满于阳明乎。

王氏曰：说尧、舜、孔子，一般当是定。评说阳明澜翻救护处，明白、痛快！

上智下愚

问："上智下愚如何不可移？"

先生曰："不是不可移，只是不肯移。"

阳明之意，盖以天下无不可变之人，但其心不肯移尔，设使肯移，必无不可移者。殊不知，此以论凡人可也，非所以论上智下愚也。盖上智之善，如冰之必寒、火之必热，冰必不能移之为热，火必不能移之为寒。虽欲肯移，而器局已定。未有哲人而愚者也。下愚之恶，如蝎之必螫、莸之必臭，螫必不能移之为善，臭必不能移之为香。虽使肯移，而蔽锢已甚。未有小人而仁者也。故夫子不言其不可移，亦不言其不肯移，但曰"不移"而已。然则惟"狂"克念作"圣"，惟"圣"罔念作"狂"，非欤？曰：狂非下愚也。上焉者，与狷一类，为任道之器，特非中行；下焉者，与矜直一类，为气禀之偏，亦非恶德。故"圣"罔念下而入于"狂"，"狂"克念遂可进而入于"圣"，以其相近也。人皆可以为尧舜，亦谓凡人也，相近者也；途之人可以为禹，亦谓途之凡人也，相近者也。天下惟凡人最多，故须设教以移之，此先王礼乐刑政所由立也。

王氏曰：若有一念肯移之心，便不是上智，便不是下愚，惟上智下愚故不移，惟不移乃见上智下愚。后一段辨"狂非下愚"，直不磨之论。

一　贯

国英问："曾子'三省'虽切，恐是未闻'一贯'时工夫。"

先生曰："'一贯'是夫子见曾子未得用功之要，故告之。学者果能忠恕上用功，岂不是'一贯'？一如树之根本，贯如树之枝叶，未种根，何枝叶之可得？'体用一源'，体未立，用安从生？谓'曾子于其用处，盖已随事精察而力行之，但未知其体之一'。此恐未尽。"

合

黄诚甫问"汝与回也，孰愈"章。

先生曰："子贡多学而识，在闻见上用功；颜子在心地上用功：故圣人问以启之。而子贡所对又只在知见上，故圣人叹惜之，非许之也。"

先儒说圣门，颜子而下，颖悟莫如子贡；曾子而下，笃实无如子夏。盖以颜子是明睿的人，曾子是鲁的人。而商赐二子[①]，资颇相近，故分属之。阳明以子贡对颜子，亦不脱先儒之见。其实都在形迹上比拟，非真知颜、曾者也。颜、曾之学，一也。子贡则几于颜、曾，而少下之者也。何以言之博之以文颜子之闻见上用功也？克己复礼，颜子之心地上用功也。至于闻一知十，则为夫子之一贯矣。曾子之问，曾子之闻见上用功也；"吾日三省"，曾子之心地上用功也。至于忠恕之发明，则亦夫子之一贯矣。若夫多学而识，则子贡之闻见上用功也，犹之颜子之博文。曾子之问也，无谄无骄，则子贡之心地上用功也，犹之颜子之克复。曾子之三省也，独其闻一知二，若与知十者不同，然性与天道知其不可

---

① 商赐二子：指孔子弟子子夏（卜商）与子贡（端木赐）。

得闻，则亦非局于知二者矣。闻一贯而无所发明，虽与论忠恕者有间，然我不欲人之加诸我者，我亦欲无加诸人，则亦莫非忠恕之事矣。故颜、曾之下，须还子贡。

王氏曰：子贡之事，见于《论语》者，如“我不欲人加于我”章、“博施济众”章、“多学而识”章、“一言而可以终身行之”章，皆得闻圣人一贯忠恕妙理，其余群弟所不及也。谓子贡次于颜、曾，极是。

外　好

“欲树之长，必于始生时删其繁枝；欲德之盛，必于始学时去夫外好。如外好诗文，则精神日渐漏泄在诗文上去；凡百外好皆然。”

此段意全重在“始学时”三字。盖学以致其道，不专心致志则不得也。故鸿鹄之思，戒于孟子亡羊之喻，警之龟山外好，信不可不去也，然亦为初学者立戒尔。若学成之后，则把柄既持，而指挥悉在其掌握，运用既熟而纵横不出其范围。虽处百般可喜可悦外好之中，亦将如展禽入袒裼[①]之党，油油自如徐公居无常之世[②]，绰绰有裕而不足以移之矣，何必去之而后可哉？繁枝所以妨木，然荣木者亦此繁枝也；外好所以分心，然熟心者亦此外好也。种德而刊繁，是内而非外，则徒见其迫切窄狭之易穷，而不见其优游厌饫[③]之可味。圣学殆不如是也？若夫诗文，则性灵之流畅，语言之成章，尤非其他外好之可比。阳明乃虑精神之漏泄，而欲首去之，则是佛老专精守神之意，而非儒者之所当言矣。圣人作六经，把天机亦漏泄了，何况精神。

王氏曰：初学宜守阳明之说。

熯曰：只看资性何如。

---

① 袒裼：脱去上衣，裸露肢体。

② 徐公指三国时的徐邈。其为人不随世俗，自有主见。当人人随权贵好清素而变易车马服装时，他不改变；后又风靡奢侈之潮，徐公亦不随同。故被称为“有常”。后因以“徐公有常”喻不随风俗转移，处事有主见。见《三国志·魏书·徐邈传》。

③ 优游厌饫：意思是为学之从容求索，深入体味。厌饫，满足。

草　木

“先儒谓‘一草一木亦皆有理，不可不察’，如何？”

先生曰：“夫我则不暇。”

孔子论学诗之益，而曰“多识于鸟兽草木之名”[①]。孟子论君子之存几希，而曰“舜明于庶物”[②]。以至《大学》之教，格物为先；《中庸》之功，育物为极。一草一木，何可以莫之察也。阳明“夫我不暇”之论，似有以先儒专务外求而少向里之意。然详考程子之论，则以理无物我，道合内外，不可以偏废也。见人先求之四端，则曰：求之四端“固切于身，然一草一木亦皆有理，不可不察”[③]。见人大去理会外事，则曰：“致知之要当知至善之所在，如父止于慈、子止于孝之类。若不务此，而徒泛然以观万物之理，吾恐其如大军之游骑，出太远而无归也。”[④]皆是帮补说去，以求合内外之道。然于性情曰“切身”，于草木曰“亦有理”，于孝慈曰“知至善”，于万物之理曰“泛观”，则其先后缓急之间，固自有不可紊者，于其语意之间而可知也。再考朱子之论，则曰：“内事外事，皆是自己合当理会的，但须是六七分去里面理会，三四分去外面理会方可。若是工夫中半时，亦自不可。况在外面工夫多，在内工夫少耶！此尤不可也。”[⑤]又曰：“格物之论，伊川虽谓眼前无非是物，然其格之也，亦须有缓急

① 出自《论语·阳货》。子曰：“小子何莫学夫诗？诗可以兴，可以观，可以群，可以怨。迩之事父，远之事君；多识于鸟兽草木之名。”

② 出自《孟子·离娄下》：“舜明于庶物，察于人伦，由仁义行，非行仁义也。”

③ 出自朱熹《大学或问》中所引用程颐的话。

④ 同上。

⑤ 出自见朱熹《大学或问》。

先后之序，……如今为学而不穷天理、明人伦、论圣言、通世故，乃兀然有心于一草木器用间，此是何学问？"[①]即此观之，先儒何尝不理会向里工夫，但语大而不遗其细，语本而不遗其末，故谓如草木之类“亦皆有理”，不可不察尔。阳明不详其语意之所自直，以为不暇而不之察，以专事其心焉，则是离事物以为心，舍形器以为道，非惟失先儒之意，而且将陷于佛老诐淫邪遁之谈矣。岂圣贤《大学》之实学哉？

王氏曰：全观程朱之论，始知其立言有本末次第，而“夫我不暇”之言过矣。

① 出自《朱子文集·答陈齐仲》。

戒惧慎独

正之问："'戒惧是己所不知时工夫，慎独是己所独知时工夫'，此说如何？"

先生曰："只是一个工夫，无事时固是独知，有事时亦是独知。人若不知于此独知之地用力，只在人所共知处用功，便是作伪，便是'见君子而后厌然'。此独知处便是诚的萌芽，此处不论善念恶念，更无虚假，一是百是，一错百错，正是王霸、义利、诚伪、善恶界头。于此一立立定，便是端本澄源，便是立诚。古人许多诚身的工夫，精神命脉全体只在此处。真是莫见莫显，无时无处，无终无始，只是此个工夫。今若又分戒惧为己所不知，即工夫便支离，便有间断。既戒惧即是知，己若不知，是谁戒惧？如此见解，便要流入断灭禅定。"

《中庸》之书，自是与《大学》不同说。天命之性说、未发之中说、费隐说、鬼神说、天道人道说、鸢鱼飞跃说、圣人天地之不能有憾说，不显如毛，无声无臭于上达处较多。若《大学》则说为学次第，所谓"初学入德之门也"[①]，工夫只在诚意谨独上。盖意是心之萌动，人虽不知而己独知之地也，正所谓"王霸、义利、诚伪、善恶界头"。若于此不谨，便是有人则作、无人则辍，便是"闲居为不善""见君子而厌然"之小人矣[②]。故必致谨于此，去自欺、求自慊[③]以诚其

① 出自朱熹《大学章句》，是朱熹引用程颐的一句话。原文为，子程子（程颐）曰："大学孔氏之遗书。而初学入德之门也。于今可见古人为学次第者，独赖此篇之存，而论孟次之。学者必由是而学焉，则庶乎其不差矣。"

② 出自《大学》："小人闲居为不善，无所不至，见君子而后厌然，掩其不善，而善其善。"

③ 自慊：自足、自快。

意，则自此寻向上去，心亦自正，身亦自修，自然到上达处，工夫亦甚真切。但在己发之后，是下一层工夫。《中庸》则说喜怒哀乐未发之中①，正是不睹不闻、己所不知之地也。延平所谓要看喜怒哀乐未发前气象以求所谓“中”者，亦是看此、求此而已。戒谨恐惧，正是看之、求之之功。所谓“涵养须用敬”也②，乃是谨独前一段工夫。阳明以为“既戒惧即是知，己若不知，是谁戒惧”，因谓戒惧谨独只是一个工夫，而以分戒惧为己所不知，是支离，是间断。尝有问阳明“‘未发之中’是如何”者，阳明告以“汝但戒慎不睹，恐惧不闻，养得此心纯是天理，便自然见”③，则阳明亦分明以不睹、不闻为“未发之中”矣，何独于此又以“戒惧”浑入于“谨独”，而谓只是一个工夫耶？涵养何见其支离？不睹、不闻亦戒惧，何以为间断？且“己所不知”是对“独知”而言，“戒惧”是对“慎”字而言。今阳明乃曰“既戒惧即是知”，盖徒欲以己所不知作独知，故为此说。而不知以戒惧为知，则本体工夫无所分别，所以冲玄会中，遂有“‘戒慎恐惧’是本体，‘不睹不闻’是工夫”④之说也，然失则远矣。又曰“如此见解，便要流入断灭禅定”，夫断灭禅定以其不知戒惧也。既戒惧，则静中有物，非所谓断灭禅定矣，奈何以断灭禅定疑之。盖盗跖耻盗，故谓孔子为盗，以自解其非盗；陆子耻禅，故谓朱子为禅，以自解其非禅。阳明之意亦此类也。然阳明之学，乃从心之知处、意之动处作用，未见其断灭禅定也，何必解曰佛氏，亦何曾断灭禅定？得他以心法起灭天地，则其断灭是起灭也，禅定是禅法也。阳明全得这些子簸弄，遂以为无

① 《中庸》说：“喜怒哀乐之未发谓之中，发而皆中节谓之和。”

② 程颐的话：“涵养须用敬，进学则在致知。”

③ 出自《王阳明全集·传习录上》第42页。原文为刘观时问：“‘未发之中’是如何？”先生曰：“汝但戒慎不睹，恐惧不闻，养得此心纯是天理，便自然见。”

④ 出自《王阳明全集·传习录下》第120页。

复未知、未动处工夫。其为此解，盖亦明知佛氏之未尝有是，而借之以斥朱说之断灭禅定尔。其实朱说得之不睹不闻之《中庸》，《中庸》得之何思何虑之《易》，《易》得之无声无臭之天。

王氏曰：辨不睹不闻为己所不知，极有原委，极见细密。盖以戒惧谨独只是一个工夫，原是阳明牵合混淆之失。辨曰：既戒惧便不是断灭禅定。此名言确论。

克　己

“所谓汝心，却是那能视听言动的，这个便是性，便是天理。有这个性，才能生这性之生理，便谓之仁。这性之生理，发在目便会视，发在耳便会听，发在口便会言，发在四支便会动，都只是那天理发生，以其主宰一身，故谓之心。这心之本体，原只是个天理，原无非礼，这个便是汝之真己。这个真己，是躯壳的主宰。若无真己，便无躯壳，真是有之即生，无之即死。汝若真为那个躯壳的己，必须用着这个真己，便须常常保守着这个真己的本体，戒慎不睹，恐惧不闻，惟恐亏损了他一些，才有一毫非礼萌动，便如刀割，如针刺，忍耐不过，必须去了刀，拔了针，这才是有为己之心，方能克己。汝今正是认贼作子。”

能视听言动者，气也，非心也。非心则非性也。阳明乃以这个便是性，是以气论性，如告子之说矣。然朱子有言：“目之视，耳之听，手之执捉，足之运奔，皆说得个形而下者。”[①] 且如“手之执捉”，若是执刀胡乱杀人，亦可谓性乎？阳明乖觉，恐人把朱子之说来破他，遂说这个“便是天理”“便谓之仁”，这个便是“真己”，这个真己便是“躯壳的主宰”，则是以形下之气说做形而上的去了。此段本论“克己为仁”而发，既以此为形而上之天理，则信目所视皆为正视，信耳所听皆为正听，信口所言皆为正言，信四体所动皆为正动，自无执刀胡乱杀人之事矣，自无一毫非礼之萌动矣。

---

① 出自《朱子语类》卷五十九。

凡世之不蒙不聋，不喑哑不痿痹，而稍能视听言动之人，皆可谓之仁矣。何必克己复礼，然后为仁乎？所谓虽常常保守，“戒谨不睹，恐惧不闻，惟恐亏损一些者”，保守个恁，亏损个恁乎？既无刀割，安用其去？既无针刺，安用其拔？既无其己，安用其克？真己之己，天理也。克己之己，非礼也。所谓认贼作子者，正为其误认非礼之己为真己也。能视听言动的，既便是性，便是天理，便是仁，而谓之真己。何缘生出贼来？既是有贼生出来，则能视听言动的，可见只是个气，不可以言便是性，便是天理，便是仁，而为真己矣。阳明议论，前后错戾如此。盖实见得者，虽纵横反覆，多至数千万言，参差难看而实如绳贯如某局，条理井然，彼此相照。若以聪明意见揣摩而言之，虽十分装裹得好，终未免出手露脚被人看破矣。且如能视听言动的，本形下之气，他却唤做理性与仁。本形上之理，他却又唤做气。是理、气两无所当也。岂以阳明而不察乎？此盖他把心看做个空空洞洞把捉不定的物事，在面前相似，故不分理、气，不别内、外，不考同、异，不问是、错。凡能知觉运用鼓舞发挥处，皆唤做心之精神，妙用自秘以为得力处，然却不知此乃禅家的使机关善卖弄，自私自利终不可以入尧舜之道者也。且“真己”二字，亦下得不是。“真”字对“假”字而言，才说真时，便知有假在。以能视听言动的作真，则是以躯壳的作假。夫躯壳者，粗迹也；能视听言动者，良能也。皆天之所以与我者，果孰为真而孰为假乎？看来惟孟子说“大体”“小体”，荀子说“天君”“天官”，自是稳当。然则性与气何别？曰：性字从心从生，则是能生其心者，性也。若能视听言动的，是生其身者也，非性也，气也。性、气由身心而别，但究其极，凡生皆属气，性亦不可不谓之气也。此未易言。

王氏曰：以视听言动便为心，便为性，又是阳明混淆之失。况真己之说，本孔子“人之生也直”，孟子“仁也者，人也”[1]之说，来此说有真必有假，何等见道分明！

① 出自《孟子·尽心下》。

四代礼乐

黄诚甫问："先儒以孔子告颜渊为邦之问，是立万世常行之道，如何？"

先生曰："颜子具体圣人，其于为邦的大本大原都已完备。夫子平日知之已深，到此都不必言，只就制度文为上说。此等处亦不可忽略，须要是如此方尽善。又不可因自己本领是当了，便于防范上疏阔，须是要'放郑声，远佞人'。盖颜子是个克己向里德上用心的人，孔子恐其外面末节或有疏略，故就他不足处帮补说。若在他人，须告以'为政在人，取人以身，修身以道，修道以仁'，'达道''九经'及'诚身'许多工夫，方始做得。这个方是万世常行之道。不然，只去行了夏时，乘了殷辂，服了周冕，作了韶舞，天下便治得？后人但见颜子是孔门第一人，又问个'为邦'，便把做天大事看了。"

孔子以四代礼乐答颜渊为邦之问，正先儒所谓"立万世常行之道"① 者。阳明乃以制度文为"外面末节"言之，何其敢于非圣人乎！夫孔颜授受，正如舜禹授受。舜之授禹也，曰"人心惟危，道心惟微，惟精惟一，允执厥中"②，而继之曰"无稽之言勿听，勿询之谋勿庸"③。孔之授颜也，曰："行夏之时，乘殷之辂，服周之冕，乐则韶舞"④，而继之曰"放郑声，远佞人。郑声淫，佞人殆"⑤。大旨略同，

---

① 出自朱子《论语集注》注《卫灵公》第十五章。

② 出自《尚书·大禹谟》。据传，这十六个字是尧舜禹代代相传。

③ 出自《尚书·大禹谟》，原文为"无稽之言勿听，弗询之谋勿庸"。

④ 出自《论语·卫灵公》。

⑤ 出自《论语·卫灵公》。

但舜自心上说，而亦未始不兼乎事。“执中”者，言其动静，云为无适非中也。“勿听”“勿庸”，则分明就用人说矣。孔自事上说，而亦未始不兼乎心。夏时，时之中也；殷辂周冕，文质之中也；韶舞，乐之中也。精察四事，而守之执中也。郑声淫，恐其荡吾中也；佞人殆，恐其败吾中也。且其所言，皆礼乐之事，“人而不仁，如礼何？人而不仁，如乐何？”[①]颜子克己复礼，其心固已仁矣，非如舜授禹时未见其所以事心之功，故必以精一先之，而后之以事也。然则克复即精一也，仁即道心也，礼乐之中即执中之中也。郑声佞人，即无稽之言、勿询之谋也。放之远之，即勿听、勿庸也。阳明见夫子在事上说，遂以制度文为外面末节视之，而为“达道”“九经”等说，方是立万世常行之道，其亦误之甚矣。盖问为邦，自与问政者不同。故告为邦，亦与告问政者不同。“达道”“九经”，夫子为哀公治鲁而发也，故所言之事切而详。四代礼乐，天子为万世王者而修也，故所言之事大而略。且阳明既知“九经”之说矣，独不知所谓“三重”[②]者乎？经者，常也，常道人皆可勉。故曰：果能此道矣。虽愚必明，虽柔必强。重者，言三者之所系，至重也。心思必通乎性命，而后可以语之。故曰：“君子未有不如此而蚤[③]有誉于天下者也。”[④]四代礼乐，非即“三重”中所议、所制之事耶？若以此为制度文为外面末节而轻视之，则是“三重”者亦可以为制度文为外面末节而不重之矣。不得以“三重”为制度文为外面末节而不重，又安得以四代礼乐为制度文为外面末节而轻视之哉？周官一书，无非三重之事。孔子作《春秋》，

① 出自《论语·八佾》。

② 三重：三件重要的大事，分别指仪礼、制度、考文。出自《中庸》：“王天下有三重焉，其寡过矣乎。”郑玄注：“三重，三王之礼。”

③ 蚤：通“早”。

④ 出自《中庸》。

亦以四代礼乐为主而修之。阳明乃曰“只去行了夏时，乘了殷辂，服了周冕，作了韶舞，天下便治得”，正由不知为邦之道，固自不同于为政尔。如始皇以智力把持天下，亦能终其身富强，岂可谓其不能治天下？只为其建亥[①]不行夏时，鼓缶乌乌[②]，不作韶舞，便觉舛戾急迫，无三代和缓气象。汉文以《黄老经》[③]理天下，亦能致其国于治安，岂可谓其不能治天下？只为其礼乐谦让未遑，不改正朔，不易服色，凡所为皆袭秦，故所以卒止于汉，而不能齐肩于三代之上也。夫子以四代礼乐告颜子，盖以四代望之也。子曰：“昔大道之行，与三代之英，吾未之逮也，而有志焉。”[④]又曰：“吾其为东周乎？”[⑤]又曰：“用之则行……惟我与尔有是夫。”[⑥]夫子不是以区区治天下望颜子，直是欲与颜子为虞夏商周之治。细思之，若无此等气象，便是功利，便是霸术。

王氏曰：此一章书，得如此发挥，乃知上承执中之统，与《中庸》三重相表里，而为邦与为政不同，圣人之教始明矣。

---

① 建亥：夏历十月。古人常以十二地支配称十二个月，每个地支前要加上特定的“建”字。

② 《史记·廉颇蔺相如列传》中记载，（赵王）遂与秦王会渑池。秦王饮酒酣，曰：“寡人窃闻赵王好音，请奏瑟。”赵王鼓瑟。秦御史前书曰：“某年月日，秦王与赵王会饮，令赵王鼓瑟。”蔺相如前曰：“赵王窃闻秦王善为秦声，请奉盆缻秦王，以相娱乐。”秦王怒，不许。于是相如前进缻，因跪请秦王。秦王不肯击缻。相如曰：“五步之内，相如请得以颈血溅大王矣！”左右欲刃相如，相如张目叱之，左右皆靡。于是秦王不怿，为一击缻。

③ 黄老之学是战国时的哲学、政治思想流派。尊传说中的黄帝和老子为创始人，故名。汉朝取代秦朝以后，当时的丞相曹参在稷下黄老学派的策源地——齐国学到了黄老思想的治国精髓，并将其变为整个国家的指导思想。

④ 出自《礼记·礼运》。

⑤ 出自《论语·阳货》，原文为“如有用我者，吾其为东周乎”。

⑥ 出自《论语·述而》，子谓颜渊曰：“用之则行，舍之则藏，惟我与尔有是夫。”

诚　意

“《大学》工夫即是明明德，明明德只是个诚意，诚意的工夫只是格物致知。若以诚意为主，去用格物致知的工夫，即工夫始有下落，即为善去恶无非是诚意的事。如新本先去穷格事物之理，即茫茫荡荡，都无着落处，须用添个敬字方才牵扯得向身心上来。然终是没根源。若须用添个敬字，缘何孔门倒将一个最紧要的字落了，直待千余年后要人来补出？正谓以诚意为主，即不须添敬字，所以提出个诚意来说，正是学问的大头脑处。于此不察，真所谓毫厘之差，千里之谬。”

《大学》经文古本与新本不异，惟传[①]有错简，故朱子依经文之次而改之，非好为异也。盖复传之旧以明经也。阳明据古本之误，以诚意去格物，遂谓新本“先去穷格事物之理……为无着落，须用添个敬字方才牵扯得向身心上来。然终是没根源”。殊不知，圣学自有大根源，人自不察尔。何以言之？古者教人之法，有小学以教小子，有大学以教成人。方其入小学也，所以收其放心，养其德性，而大学之基本已豫。故其入大学也，即以其所收之心，所养之性而穷格事物之理，以充广其知而尽其心，自不消说“敬”字。况穷者，心穷之也；格者，心格之也。才说穷、格，则心固已在矣，即非茫茫荡荡无着落矣，亦不必添个“敬”字，而后牵扯得向身心上来也。程、朱所以添个“敬”字者，非谓孔门落此一字不言而补之也。详味《或问》之旨，亦谓年之已长而未曾从事小学者，则其工夫之次第条目，自当以“敬”字代小

① 儒家的著作为“经”，解释经文的书为“传”，合称“经传”。

学之工夫尔。阳明不悟格致之前已有此小学一段工夫，而疑其没根源，又不悟程朱之说为未曾从事小学者而设，而讥其牵扯，遂据古本之误，以“诚意”代“敬”字。其心以为，“诚”“敬”二字意义相近，说“诚意”则不言“敬”而“敬”在其中，而不知以“诚意”去格物成恁说话、成恁工夫。虽自谓信古，而实不免于判经矣。或曰：“子尊信程朱如此，然朱子已有《小学》矣，而子复作《小学传》[①]，何也？”曰：此大有说。“弟子入则孝，出则弟，谨而信，泛爱众而亲仁。行有余力，则以学文”[②]者，小学之方也。若今所传《大学》者，大学之道也。合二书而递观之，则是学文者，小学之终事；格物者，大学之始事。格物正承学文而言，但学文说较浅近，格物说较开广。知学文之为穷理，则知格物之为穷理必矣。此愚所以信程、朱之说不可易也。但弟子章隐于《鲁论》[③]之中，人不知其即为《小学》。《大学》虽汩没于《戴记》[④]，幸曾子尝为之传，而程朱又表章之列为四书，故诸儒但于《大学》研穷讲究，而于《小学》遂置不问。所以格物之说纷纷，至今为一大疑。程朱穷理之说，虽极明当然，程子未尝有一言及学文者，朱子《小学》虽取此章，又杂之《曲礼》《少仪》《弟子职》诸篇与夫古人嘉言善行之中，亦未见格物即承学

---

① 《小学传》应为《小学补》之误。冯柯曾撰《小学补》一卷。开章引孔子言：“弟子入则孝，出则悌，谨而信，泛爱众而亲仁。行有余力，则以学文。”以下分章解释“孝”“悌”“谨”“信”“泛爱众”“亲仁”和“余力学文”之义。收入《四明丛书第六集·贞白五书》。

② 出自《论语·学而》。

③ 《鲁论》：《鲁论语》，《论语》的汉代传本之一。相传为鲁人所传，是今本《论语》的来源之一。

④ 《戴记》：又称《大戴礼》或《大戴礼记》，秦汉以前关于礼仪之论著或记事的选辑。相传为西汉戴德所编，原收85篇，后佚散，今存39篇。是研究中国古代社会情况和儒家思想学说的重要资料。其中《曾子立事》至《曾子天圆》10篇，为今存之《曾子》。

文之意，所以当时不能折服异论之心。柯赖天之灵，幸窥此义，遂辄忘僭妄，表章《论语》弟子章以为之传，而补《小学》之缺，非敢自附于曾子，亦使经传体制颇与《大学》相类。令初学小子，无苦虽难厌烦之心，且一开卷即晓然，知《小学》《大学》相承之次，而于格物之旨，不讲而明，诸儒之疑不辩而决。是因《小学》而兼明《大学》，未必无小补于圣门矣。不然，朱子《小学》固已详尽无遗矣，而柯复为此，不几于画蛇添足，可已而不已乎？

巾幅刻此。王氏曰：此辨既得阳明疑误之由，又得古人教人之法，而诚意不专于格致、八条目俱出于敬，自明矣。至论《大学》《小学》，而以弟子入则孝一章补之，有裨来学，有功圣门。

烘曰：经文谓欲诚其意者，先致其知。此不论新本古本，无一字错。但玩一先字，则知诚意与格致工夫原自不同。

陆象山

兄又举太极之辩，以为象山“于文义且有所未能通晓，而其强辩自信，曾何有于所养”。夫谓其文义之有未详，不害其为有未详也；谓其所养之未至，不害其为未至也。

《伊川易传·序》[①]曰：“得于辞不达其意者有矣，未有不得于辞而能通其意者也，则文义之不可不详也，审矣。”象山非读书穷理之说，而自谓理会文字颇与人异，又谓解说文义尝令文义轻而事实重。于事实则不可须臾离于文义，则晓不晓不足为重，轻则象山于文义之不详，固其素也。文义且不详，又安望得其辞以达圣贤之意哉？至其太极之辩，则不但不晓文义，不得于辞，不通其意，而强辩好胜甚以朱子，所谓“太极真体”“不传之秘”“无物之前”“阴阳之外”“不属有无”“不落方体”“迥出常情”“超出方外”等语，为莫是曾学禅宗所得如此？是盖愤其尝以葱岭带来见斥，故亦以禅宗讥之，出尔反尔，无异儿童之见。在朱子初无加损，而为象山所养之累多矣。然象山虽以文义为轻，亦非专空守枯，若世之卤莽于文字者，要不可以太极之辩而遽少之也。观其与邵中孚、刘深甫二书[②]论读书之法，一则谓训诂既通之后但平心以读之，不必强加揣量；一则谓训诂章句苟能从容，勿迫而讽咏之，其理当自有彰彰者。固非不详文义之谓也。若阳明则直谓不详之不害矣。以不详为不害，则必以详文义为害，而不肯平心定气从容讽咏乎章句训诂间矣。岂象

① 《伊川易传》：北宋程颐注解《周易》的哲学著作，又称《周易程氏传》《程氏易传》。

② 参见《象山集》卷七、卷二。

山问学之旨乎？而世方群然谓象山复出也，其亦盲者揣管扪盘以为日者等尔吁！

王氏曰：理会不详，便有卤莽之失；心气不平，便有执拗之病，此皆不可与道也。况记象山者，亦谓其检阅终夜不辍，则象山非专空守枯明矣。

燦曰：详味二不害之言，即告子制心之学不知孟子之接道统，其功全在知言养气。

尊德性道问学

夫君子之过也，如日月之食，人皆见之；更也，人皆仰之。而小人之过也必文。世之学者以晦庵大儒，不宜复有所谓过者，而必曲为隐饰增加，务诋象山于禅学，以求伸其说；且自以为有功于晦庵，而更相倡引，谓之扶持正论。不知晦庵乃君子之过，而吾反以小人之见而文之。晦庵有闻过则喜之美，而吾乃非徒顺之，又从而为之辞也。

道犹路也。圣人之道，如十字路头，四方八面皆可至焉。象山以象山入者也，朱子以朱子入者也，正如回路殊科，师商各体。虽不无遗论，其为圣人之徒则一也。当时无极七书之辩鹅湖三诗之旨，固已不免几于诮矣，然犹实见得而论之者也。阳明未窥朱陆之藩篱，徒以“无意中得此良知一助”，遂自谓合于象山而斥朱子谓君子之过。不惟斥朱子为过，而且以是朱子者为小人之文过，何异秦人非古圣王之道而焚之，又以诸生是古而欲坑之者也？悖亦甚矣，呜呼！颜子之聪明去生知无几，其见道卓尔也，犹必待仰钻瞻忽，既竭吾才而后至。阳明岂聪明过于颜子乎，而乃无意中得之也？惟其得之无意，是以言之太易，而不知朱子不可毁也。朱子之学，正颜子之所以学也，何以明知大道必低回，而务为捷径者？不免于荆棘。圣学必平实，而喜为高论者，终入于邪淫。譬之作字，古者以篆为文，其势繁难，故其事不得不简；自秦人改隶，而簿书始多矣。譬之经野[①]，古者以井里授民，其事繁难，故其俗不得不淳；自战国荡为阡陌，而民始无耻心矣。譬之行酒，古者实主百拜，终日而不得饮，此其所以

---

① 经野：经，丈量。野，田野。

无酒祸也；晋人纵之，而为清虚，遂成戎狄之俗。譬之行师，古者以车战，出则为行阵，入则坚营壁，此其所以无败亡也；后世废之，而用骑步，遂无纪律之师。譬之为文，古者以理为主，不务纤奇，常有欲工不能之意，故治日盛；自泄之于淫巧，无复浑厚之气，而治日衰矣。譬之为治，古者以道为主，虽草木鸟兽之微，无不为之经画区处，故世日隆；自急之以功利，为一切苟且之法，而世日偷矣。然则朱陆之学，岂不从是而可别白之哉？格致诚正修齐治平，其序不乱而其功不缺者，圣人之学也。一超直入，自谓了心而无所用于家国天下者，佛氏之学也。朱子所入，虽若支离，而其实则圣人之无欲速、无见小利、下学而上达者也，自是有博厚高明悠远的气象。象山所入，虽若超脱，其实则佛氏之绪余，而气脉不深长，意味则浅薄，自是有叔季苟简[①]的规模。后儒阴为陆地，乃以陆尊德性，朱道问学而两解之，曰：此亦晦庵意也。岂知当时渠特不欲有所轩轾以起事端，故即其所近似者以分属之，而实非切案也。盖尊德性而不道问学，是天上有不识字之神仙，非真尊德性者也。道问学而不尊德性，是圣人果在于多学而识之，非真道问学者也。观非存心无以致知，朱子之学何尝不从尊德性上来。而陆子后来议论，虽肯向讲学上理会，终不免亦有旧病，则分属之说，决非晦庵意矣。夫文章与时高下，学术关运盛衰。方当盛明之世，而使叔季苟简之学术得以聋瞽乎天下，而愚之忧世道者，不能以无概也。况今之学，又非象山之学者乎？骥失而骀[②]矣，人且以为骥也；骀又失而巨蟆矣，人犹以为骥也。则将何所终耶？必也

① 叔季：叔季之世，出自《左传》，比喻末世将乱的时代。苟简：苟且简略，草率简陋。

② 骀：劣马。

有力者禁而绝之,无力者亦辞而辟之,庶乎[①]邪说不得以诬民,而上古浑厚之风、三代宽裕之意,可以复见于今矣。或曰:“尊德性道问学,既非朱陆切案,然则竟何学欤?”曰:朱子以读书穷理做着实基址,而后悟其支离,以为言语文字之外,真别有用心处,是从颜子博文约礼以入者也。陆子以静坐澄心做直截工夫,而后颇知讲学,以为大端既明,趋向既定,则明善喻义,当使日进,是从子思尊德性道问学以入者也。若阳明以博文即约礼工夫、道问学即尊德性工夫,则不惟有戾于朱,抑且有悖于陆,而两无所据矣。乃嘐嘐然[②]欲“为象山一暴其说”[③],以为陆也譬之伦类,其犹养子木寄生也与。曰:“若是,则朱陆果无轩轾矣,何以又斥陆为骀也?”曰:博文约礼,乃是尧舜以来传到孔门的旧法,颜子亲炙圣人之门,步亦步趋亦趋,其于圣人体段,无纤毫差异,故曰:学圣人者必自颜子始。若子思则去圣人固已远矣。尊德性、道问学之论,虽卓然有见,但于孔门所传旧法,未免微失其先后缓急之宜。所以传到孟子,直以求放心为学问之道[④]。荀卿有言:“乱天下者,子思、孟轲也。”[⑤]其言若过,然后来禅学,实假此为媒,则荀卿岂无所见而云然哉?况朱子到得恍然自失,有顿进之功,便与颜子喟然而叹意味相似,把博文约礼都若多了。陆子连那“道问学”三字尚未肯索性

① 庶乎:几乎,差不多,将近。

② 嘐嘐然:形容志大而言夸。《孟子·尽心下》中记载:“何以谓之狂也?曰:其志嘐嘐然,曰:‘古之人、古之人。’夷考其行而不掩焉者也。”

③ 出自《王阳明全集·卷二十一·答徐成之》。

④ 出自《孟子·告子上》:“学问之道,求其放心。”

⑤ 出自苏轼《荀卿论》。

说出，况望到此地位？斥陆为骀亦其宜矣。

王氏曰：此辨朱陆同异，与阳明之失较，若画一矣。有益世道不浅，宜家传人诵之也。

大学古本

来教谓某“《大学》古本之复，以人之为学但当求之于内，而程、朱格物之说不免求之于外，遂去朱子之分章而削其所补之传”。非敢然也。学岂有内外乎？《大学》古本乃孔门相传旧本耳。朱子疑其有所脱误，而改正补缉之。在某则谓其本无脱误，悉从其旧而已矣。

致知格物之传，本未尝缺，但简错尔。朱子以己意补之，则因其错而谓其缺，固非也。阳明见其补之非也，遂削之而复古本，则因其不缺而谓其不错，亦非也。至如董槐[①]、叶梦鼎[②]诸公欲移“经文”“知止”以下二条之说，与夫近日蔡介夫[③]欲移“物有本末”条于“知止”之上之说，则世之学者，类喜言之。然“经文”一章，吴草庐[④]所谓“玉盘无缺”者也，[⑤]以传简之错，遂割不错之经文以补之，则欲以补

① 董槐（？—1262）：字廷植，南宋大臣，理宗朝宰相。

② 叶梦鼎（1200—1279）：字镇之，号西涧，浙江宁波人，南宋晚期宰相。

③ 蔡介夫（1453—1508）：名清，字介夫，别号虚斋，明朝中期晋江（今福建省泉州市区西街）人，理学家，“清源学派”领袖，主张“处俗而不累于俗，脱俗而不绝俗矣”。

④ 吴草庐（1249—1333）：名澄，字幼清，晚字伯清，学者称草庐先生，江西抚州崇仁人，元代官吏、学者。博通经传，宋咸淳间举进士不第，还居草屋。元世祖遣程钜夫求贤江南，起至京师，寻以母老辞归。武宗即位，召为国子监丞，升司业，迁翰林学士。泰定帝时为经筵讲官，修《英宗实录》，命总其成。书成弃官归。吴澄著有《易纂言》《仪礼逸经传》《礼记纂言》《春秋纂言》《吴文正集》等。

⑤ 《吴文正集》中的《答海南海北道廉访副使田君泽问》有其关于《大学》的一些看法，针对当时学人王申子在更定《大学》经传中存在的问题，他用玉盘无缺说提出质疑。

其疮，而先剜肉以为疮矣，尤非也。以愚考之，朱子之改正则是，朱子之补缉则非。今但据其所改正，而以听讼之释本末者为释格物致知，则节次分明，意义周密，不必补，不必复，不必移，而传自完矣。何也？传之所释者，惟三纲领及八条目而已，其知止二条及末二条皆所不释，何独于本末而释之？且既释本末，又何独于终始而不释之也？故愚以为听讼之章，决当属在三纲领之传之后，而为致知格物之传也。盖物有是非，犹讼有曲直。听讼者，以其是非之心而断其曲直，皆穷理之事也。心通乎道，然后能别是非。如人身在堂上，然后能断堂下人曲直。至于“无情者，不得尽其词，大畏民志”[①]，则民有耻且格，而讼可无矣。向使心不通于道，则情伪微暖，而两造之陈者，将眩惑而不知矣。其何以格物而使之无讼乎？故曰此谓知本，此谓物格，此谓知之至也。听讼者，知本也，明明德也。无情者不得尽其辞，大畏民志，物格也，新民也。格物之物，分明指物有本末之“物”字而言。而世儒皆不之察也，所以辩愈多而旨愈晦，言愈详而意愈讹也。但传文之例，自诚意以下皆引经文而释之，而此独不然，似为可疑。及以诸传考之三纲领，俱直说起，而于条目始引经文。格致虽属条目，然正接止至善，故以起句用纲领例，而以结句用条目例也。复何疑哉？再以经文考之三纲领，则说三在字条目中皆用先后字，而独于致知格物则下一在字，与纲领而四。物格知至仍用一后字与条目，而八为纲领条目之间，盖即《听讼》章起，结异例之意也，此非愚之臆说也。知止一条，原系止至善之后，则致知格物自当承之，故三纲领之在字下，连格致之在字听讼之，不用经文，皆圣贤之微意。然则听讼之传信乎？其为释格物致知，而非释本末矣。

---

① 《论语·颜渊》：“子曰：听讼，吾犹人也，必也使无讼乎。”《大学》引此章云：“无情者不得尽其辞，大畏民志，此谓知本。”

巾幅刻此。王氏曰：此篇说听讼章，即是格致传，而谓朱子不必补说传，释三纲领八条目，而谓本末先后不必释，文理接续血脉贯通，圣经贤传始成全璧。而千古不决之疑，诸子纷纷之论，焕然释冰矣。甚有功于圣门，当不在曾子下。

卷　四

晚年定论

其为《朱子晚年定论》，盖亦不得已而然。中间年岁早晚，诚有所未考，虽不必尽出于晚年，固多出于晚年者矣。然大意在委曲调停以明此学为重。

朱子之学，盖与颜子同。昔颜子于圣人之道，而未得也，仰之、钻之、瞻之、忽之，既博之文，又约之礼，以竭其才。及其立卓之后，然后发喟然之叹，以为前日仰钻瞻忽，博约竭才，皆为多事，而极于欲从末由，此颜子之所以庶几也。朱子之穷理反躬，铢积寸累[①]，正颜子仰钻瞻忽，博约竭才之事。及其豁然贯通之后，乃恍然自失，以为向来诚是大涉支离，觉得闲中气象甚适，此其悔悟，正与颜子喟然之叹相似，未必其出于晚年也。使以朱子之悔为晚年，则颜子之叹亦为晚年乎？看他次第是工夫先后，而非年岁早晚，博约后

① 铢积寸累：形容一点一滴地积累。

方叹叹，后终不成，窈窈冥冥，遂废了博约。惟其工夫循环不穷，所以智益明，德益熟，而具体乎圣人也。积累后方悔，悔后亦不成，昏昏漠漠，遂废乎积累。惟其工夫周流不已，所以学日充，德日起，而集大成于诸儒也。阳明不达于此，遂取朱子平日与人答问手札中，厌烦就约绝学捐书之语，为晚年定论之书。夫谓之晚年，必其果出于晚年而后可也。然以今考之，此书之意本出于程篁墩《道一编》，而去取互有得失，年岁互有异同，固有不可得而尽信之者。如《与吴茂宝书》，乃篁墩录之于始，以为若冰炭之相反者，盖以其有讥陆子省发觉悟，流于怪异之说。阳明则削之，而取其前段，所谓向来工夫多不得力者，以为晚年。如《答吴伯丰书》，篁墩录之于终，以为若辅车之相倚者。阳明以其径趋简约，脱略过高之语，似乎讥陆，虽有欠却涵养本原工夫，不可不自反之说，而不收于晚年。至于《与林择之书》说陆之门人气象，皆好此间学者只成说话。阳明以为晚年，而篁墩则录之于中，以为疑信之相半。盖以其有陆子寿兄弟，其间亦有旧病之说也。然则其早其晚，其定其未定，皆以己之私意臆断之者也，而何足据之以为朱、陆之评乎？且阳明亦自谓其“年岁早晚，诚有所未考”，则其不必出于晚年者，在阳明固已知之矣。既知之则不当复为之，而犹且必为之，盖为其平日所著《或问》《集注》诸书，意义浩博，议论参差，其间有疑于支离泛滥者，有得于亲切简要者，与己专致良知之说多半不合，故悉指为中年未定之说，而特取其相近数札概目为晚年悟后之论，以自证庶几己说不至大谬于朱子，而可少挽其立异好奇之失焉尔。夫朱子之易箦也，犹改诚意章以为绝笔，则其《集注》《或问》之类，因其所终身者也。固其既悔之后，而三复删定者也。乌得以意义浩博，议论参差，而遂指为中年未定之说哉？《论语》，孔门传道之书也，多闻多见之说与夫一以贯之之说，好古敏求之说与夫予欲无言之说，间见错出，各有发明，而《集注》《或问》，无非明此而已。若《集注》《或问》而谓之中年未定之说，则如《论语》者，亦将议其孰为中年而未定者乎？孰为晚年而定者乎？岂夫子亦有未定之说乎？圣人之道，千门万户，彼此自不相妨；曲儒之学，管归一路，四旁都不见得。今以一路之学，而窥圣人千门万户之道，无怪乎其合者少，而不合者多也。于其合己也，则虽其年岁早晚诚有所未考者而谓之晚年。于其不合己也，则虽其既悔之后三复删定者，而谓之中年。吾意晦庵有知，亦当付之一笑而已矣。由此观之，阳明非真以定论取朱子也，特以见定论之外皆非定论也。今既定论不必于晚年，而《集注》《或问》之类又不必于中年，则朱子之学何者而非圣人之学？朱子之言何者而非终身之定论乎？而又何以此书为也？阳明乃谓此书出于不得已而然，又谓意在委曲调停，以明此学为重。此学者，彼盖以为圣人之学也夫。既以明圣人之学为重，而使朱子之说果有背乎理而不足以明之，则虽直非之，以为先哲之忠臣何害，而又何必委曲以调停乎？用人而调停，则贤不肖，浑淆而不肖者，终至于必胜。行政而调停，则邪正杂糅，而正法必至于渐湮。故调停之说，在识微之士，犹深非之，以为不可。而况阳明之于朱子，又皆洗垢索瘢，以阴行其私；簸弄笔舌以玩侮先正，而初无委曲调停之意。则其所谓不得已以明此学者，非真有不得已之心，如孟子辟邪说以卫圣道之心也，特调停其说以委曲迁就乎己之学尔。且既以委曲迁就乎己而为此书，而深考其说，则又有宜为阳明之所深讳而亦取之者。如《答吕子约书》谓“近日方实见得向日支离之弊，虽与彼中证候不同，然忘己逐物、贪外虚内之失，则一而已”。《与蔡季通书》又谓“间与季通讲论，因悟向来涵养工夫全少，而讲说又多强探，必取寻流逐末之弊。……恍然自失，似有顿进之功。……然非如近日诸贤所谓顿悟之机也”。阳明喜其见得支离之说，而不暇详其所谓与彼中证候之不同；喜其恍然顿进之说，而又不暇详其所谓非如近日诸贤之顿悟。故遂取之定论之中，而不知识者已因此而得其乱真之故矣。顿进者，犹人按步而移，虽未易遽进，然一进则所移者，皆吾得力处顿悟者。犹坐而驰，虽日行万里之遥，然自身却只在此，于道无得也。惟顿进，故见得向日之支离非顿悟，故不同彼中之证候。而阳明之学，正近日诸贤顿悟之机也，正朱子所谓证候之不同而斥外之者也，而犹自幸己说之不谬于朱子，盖欲援儒以入墨、推墨以附儒尔。然而毫厘千里之谬终不可掩，如此二书之说，岂非天不欲斯文之丧而故为此隙，令后之学者得有所据，以证其似是之非耶？又曰篁墩见朱子奠陆子寿方“相与极论无猜”“道合志同”之语[①]，而陆子奠吕伯恭亦有“追惟曩[②]昔，粗心浮气，徒致参辰”之语，[③]遂谓二氏之学早异晚同，而著《道一编》。然朱子表曹立之[④]墓，有敬夫子寿、伯恭，皆盛年相继沦谢之语，则是作于道合志同之后，宜无复异同之疑矣。而其言乃曰“陆氏兄弟独以心之所得者为学，其说有非言语文字可及”[⑤]。又曰“今必先期于一悟，而遂至于弃百事以趋之，吾恐未悟之前，狼狈已甚，又况忽下趋高，未有幸而得之者”[⑥]，皆所以深讥

---

① 出自朱熹《祭陆子寿教授文》：“逮予辞官而未获，停骖道左之僧斋。兄乃枉车而来教，相与极论而无猜。自是以还，道合志同。”

② 曩：以往，从前；过去的。

③ 出自陆九渊《祭吕伯恭文》：“追惟曩昔，粗心浮气，徒致参辰，岂足酬义！”

④ 曹立之：曹建（1147—1183），字立之，号无妄，南宋理学家，江西饶州人。朱熹对他甚为器重，其死后，朱熹亲自为他撰述墓志铭。

⑤ 参见清朝李绂编《朱子晚年全论·曹立之墓表》。

⑥ 同上。

陆子之失。则是朱陆之学虽至于晚年，而犹未之一也。盖朱子所说的涵养，实异乎陆子之涵养；陆子所说的讲学，实异乎朱子之讲学。所以朱子讥子静虽已转步而未曾移身，其实身不移则所谓转步者，亦五十步之走尔，济不得甚事。篁墩阴附陆子，遂谓朱子晚年兼收陆学，而诋世儒以其早年未定之论致夫终身不同之决。惑于门人纪录之手，不取正于朱子亲笔之书，呜呼！曹表岂非朱子亲笔之书，而晚年已定之论耶？然则朱陆之不同，固非篁墩之说所能强而一矣，独其奠文之语，似乎可据然详味之，恐亦以其讲论之际颇觉和平，非复昔时气盛语健之比而云，然非真谓其道之一也。故不徒曰曩昔参辰，而必曰粗心浮气；不徒曰道合志同，而必曰极论无猜。此其立言之间亦自可见其微矣。

王氏曰：此篇考据，精详议论，的确凿凿乎无以易也。至篁墩设为佛辨，无非推墨以附于儒，其《道一编》又岂有定论也？若夫调停之说，是即乡愿。

知　行

知之真切笃实处，即是行；行之明觉精察处，即是知：知行工夫本不可离。只为后世学者分作两截用功，失却知行本体，故有合一并进之说。“真知即所以为行，不行不足为之知”。

圣门说知行处甚多，如“行有余力，则以学文”①，此行先知后也；“博学于文，约之以礼”②，此知先行后也；“知至至之，可与几也。知终终之，可与存义也”③，此知不可无行也；“智，譬则巧也；圣，譬则力也。由射于百步之外也，其至，尔力也；其中，非尔力也”④，此行不可无知也；“惟精惟一，道学自修”，此知行并进也；“道之不行也，……智者过之，愚者不及也。道之不明也，……贤者过之，不肖者不及也”⑤，此知行互力也；“民可使由之，不可使知之”⑥，此行易知难也；“知之非艰，行之惟艰”⑦，此行难知易也；“知及之，仁不能守之”⑧，此偏于知也；“行之而不著，习矣而不察”⑨，此偏于行也。虽其意之所指、功之所施各各不同，至于知自知、行自行，则千圣万贤固无有不同者也。

---

① 出自《论语·学而》。
② 出自《论语·颜渊》。
③ 出自《易经》。
④ 出自《孟子·万章下》。
⑤ 出自《中庸》。
⑥ 出自《论语·泰伯》。
⑦ 出自《尚书·说命中》：“非知之艰，行之惟艰。”
⑧ 出自《论语·卫灵公》。
⑨ 出自《孟子·尽心上》。

今阳明乃谓“知之真切笃实处，即是行；行之明觉精察处，即是知”“真知即所以为行，不行不足谓之知”，则知行是一个笼统的物事，圣贤何苦如此分别出来？只缘自己讲学专主于致良知，分别缺了行的一边，故立为是说以护持之，而实非确论也。

王氏曰：真知即是行，不行不足言知，亦有此理，只是据其极言之，而非平常之道，终归混淆而已。

致知格物

朱子所谓“格物”云者，在即物而穷其理也。即物穷理，是就事事物物上求其所谓定理者也，是以吾心而求理于事事物物之中，析“心”与“理”而为二矣。夫求理于事事物物者，如求孝之理于其亲之谓也。求孝之理于其亲，则孝之理其果有于吾之心耶？抑果在于亲之身耶？假而果在于亲之身，则亲没之后，吾心遂无孝之理欤？见孺子之入井，必有恻隐之理，是恻隐之理果在于孺子之身欤？抑在于吾心之良知欤？其或不可以从之于井欤？其或可以手而援之欤？是皆所谓理也，是果在于孺子之身欤？抑果出于吾心之良知欤？以是例之，万事万物之理，莫不皆然。是可以知析心与理为二之非矣。夫析心与理而为二，此告子“义外”之说，孟子之所深辟也。……若鄙人所谓致知格物者，致吾心之良知于事事物物也。吾心之良知，即所谓天理也。致吾心良知之天理于事事物物，则事事物物皆得其理矣，致吾心之良知者致知也。事事物物皆得其理者，格物也。是合心与理而为一者也。

父子有亲，是由父子而后有亲之理也，无父子则亲不可见矣。君臣有义，是由君臣而后有义之理也，无君臣则义不可见矣。事事物物无不皆然，所谓“在物为理”也。今阳明非之，以为亲在而孝，亲没而亡，是心与理为二也，是义外也。殊不知以吾心而求理于事事物物之中，此正所谓“处物为义”也，正孟子所谓“集义”也。告子“不得于言，勿求于心”，正为其不以吾心求事物之理，故谓之义外。今反以告子之义外非朱子之穷理，是以孟子之集义与告子之义外无异矣。可乎？且阳明自以为致吾心良知之天理于事事物物，是合心与理为一。夫心而无理，何以穷格事物之理？物而无理，又何以使之各得其理？则所谓致吾心良知之天理于事事物物，与夫以吾心求理于事事物物之中，果何所分别？而有一则析心与理为二，一则合心与理为一之殊耶？吾恐析心与理为二者，未必析心与理为二，而自谓合心与理为一者，将未免析事与理为二矣。且以心求理于事事物物之中，工夫全在“求”字上，所谓格之者也。致吾心良知之天理于事事物物，工夫全在“致”字上，而“格”字反无骨力矣，岂经文之旨乎？不特此也，其曰：致吾心良知之天理于事事物物，则事事物物皆得其理矣。味其语意，分明以上句为格物，下句为物格也。既以上句为格物，不当又言致吾心之良知为致知。既以下句为物格，不当又言事事物物皆得其理为格物。此其言论背驰，不待咀嚼而可见。而况夫所谓“事事物物皆得其理”者，又出于朱子者也。朱子注《易大传》[①]有曰：“穷理者，谓随事得其条理也。”窃朱子穷理之训以解格物，而又非朱子不当以穷理训格物，不几于盗憎主人乎？殊可怪也已。

王氏曰：见极精明，推原刺骨。

煐曰：经文实字以为主，虚字以为用。其曰在格物，曰而后知致，玩三虚字，自见固难，议传叛经。

① 《易大传》：《易经》中传的部分称为易传，司马迁称为《易大传》，以区别于汉代其他各家易传。《易大传》是最早解释《易经》的著作。

学问思辨行

夫“问思辨行”[①]皆所以为学，未有学而不行者也。如言学孝，则必服劳奉养，躬行孝道，而后谓之学，岂徒悬空口耳讲说，而遂可以谓之学孝乎？学射则必张弓挟矢，引满中的；学书则必伸纸执笔，操觚染翰，尽天下之学无有不行而可以言学者，则学之始固已即是行矣。笃者，敦实笃厚之意，已行矣，而敦笃其行，不息其功之谓尔。盖学之不能以无疑，则有问，问即学也，即行也；又不能无疑，则有思，即学也，即行也；又不能无疑，则有辨，辨即学也，即行也；辨既明矣，思既慎……

（此下原缺一页）

之中句句兼五句之义矣。既句句兼五句之义，则圣贤只消于五句中摘取一句以为说亦足矣，何必说学又说问，说问又说思，说思又说辨，说辨又说行，而如此其不惮烦乎？夫圣贤之说，规模阔大而条理精严，头绪烦多而意思通贯，只缘阳明误认学为专言，所以生出许多。学兼问思辨行，行兼学问思辨，与夫问思辨即学即行之说，要直截说得越支离，要浑全说得越破绽。如问即学行，是不兼思辨也；思即学行，是不兼问辨也。辨即学行，是不兼问思也。五句之中乃有三句不兼五句之义矣。岂若只依本文，从头做去，有相资并进之益，而无杂施不逊之弊乎？然程子所谓“五者废其一，非学也”[②]之说，亦似以学兼知行，何也？曰：程子盖以博学以下为学也，阳明则以审问以下为博学也。以博学以下为

① 依《王阳明全集》，为“学问思辨行”。

② 朱熹《论语集注》引程颐所云：“博学、审问、慎思、明辨、笃行五者，废其一，非学也。”

学，则是博学在五者之中，而五者为实事。以审问以下为博学，则是博学在四者之外，而博学为虚位。彼全其五，此废其一二论，岂可同日语哉？不惟程子，朱子于下节注云“君子之学，不为则已，为则必要其成”，亦总五者而言也。盖学固有偏言、专言之不同，要亦不可执程朱此语而遂以博学为专言也。况单言“学”字，犹可属专言，而该得五者。若兼言“博”字，则但可属偏言，该不得四者。阳明亦自知之，故深忌此字。通篇之中，虽“审”“慎”“明”“笃”字亦不敢多及，惟恐牵惹“博”字出来。至末后收拾处不得不言，则遂易“博”字为“能”字，使读之者无所龃龉于其心，而疑吾之说也。想他易此字时，吃甚辛苦，既无奈“博”字何又不得所以易之者？千思万想，寻得个有“弗学学之弗能弗措”之“能”字，原代“博”字，遂取易之以自掩其说，而不知本文所谓“能”者，能其博也，别无异议。圣人易之，只是偶然。如“问之弗知弗措”以“知”代，“审思之弗得弗措”以“得”代，“慎而辨之弗明弗措”“行之弗笃弗措”，则仍其旧皆是下语。时偶然如此，非如阳明以“博”字为有碍，而有心以易之也。惟其偶然而易之，故连易二字而读者殊不觉其易，惟其以有碍而易之。故只易一字而牵合附会，贼经叛圣，种种病痛出矣。圣经之字，可轻易哉？近偶看胡敬斋《居业录》，初觉平平无甚意味，及再三研玩，直是恁地邃密，的确说出人心至当不易的道理。出来无一句一字蹈袭，亦无一句一字牴牾，所谓“实理得之于心自别”[①]也。故剿说者，毛同而质异，只好乍看，实得者途殊而辙，吻其味无穷。呜呼！观余之不敢有疑于敬斋，则读是编者亦可以谅余不得已之心，而非好辩矣。

---

① 程颐的话。参见张岱年：《中国哲学大纲》，中国社会科学出版社，1982，第 346 页。

王氏曰：此思诚吃紧工夫，关系甚大。自偏言专言之说定，而混淆之论不攻自破矣。

熯曰：学也者，学其所可行也。行也者，行其所已学也。其理原不相离。如曰“学之始固已即是行”，则学优后仕、幼学壮行之说果何谓哉？学不可以即为行，行不可以即为学，故有旋行之而旋学之者，如“行有余力，则以学文”是也。有善少未择而不敢行者，如吾斯之未能信是也。至于“何必读书，然后为学”[①]，则子路之误，以行为学也。学之始已即是行，则先生之误，以学为行也。

① 出自《论语·先进》。

知体物用

心之良知，应感而动者谓之意。有知而后有意，无知则无意矣。知非意之体乎？意之所用，必有其物，物即事也。如意用于事亲，即事亲为一物；意用于治民，即治民为一物；意用于读书，即读书为一物；意用于听讼，即听讼为一物：凡意之所用无有无物者，有是意即有是物，无是意即无是物矣。物非意之用乎？“格”字之义，有以“至”字训者，如“格于文祖”“有苗来格”，是以“至”训者也。然“格于文祖”，必纯孝诚敬，幽明之间，无一不得其理，而后谓之“格”；有苗之顽，实以文德诞敷而后格，则亦兼有“正”字之义在其间，未可专以“至”字尽之也。如“格其非心”“大臣格君心之非”之类，是则一皆“正其不正以归于正”之义，而不可以“至”字为训矣。且《大学》“格物”之训，又安知其不以“正”字为训，而必以“至”字为义乎？如以“至”字为义者，必曰“穷至事物之理”，而后其说始通。是其用功之要全在一“穷”字，用力之地全在一“理”字也。若上去一“穷”、下去一“理”字，而直曰“致知在至物”，其可通乎？

以知为意之体，义犹相近；以物为意之用，则失之远矣。盖经文先言“物有本末”，次言“致知在格物”。则格物者，分明格其“物有本末”之“物”也。夫既为格其“物有本末”之“物”，则有志格物之学者，固不可徇末而忘本，亦不可厌末而径趋其本矣。程、朱所谓“穷至事物之理”者，虽似泛指眼前之物，然考其所以为说，则自“性情慈孝之理”以至“草木而无所遗”，自“天理人伦之大”以至“器用而无不察”，则亦莫非该本末，合内外之道也。阳明顾讥其务外遗内，而倡言物为“意之所用”、格为“正之”之义以反之，曾不知程、朱之说本非务外而遗内，而自己之说实不免是内而非外矣，可乎？且“格”之为字，既有“至”与“正”二义，则不必各执其是以相非也，要于其当，不可易而已。为阳明者，乃曰：“安知大学之格不以‘正’字为训，而必以‘至’字为义也？”则为程朱者，独不可曰：“安知其不以‘至’字为训，而必以‘正’字为义乎？”以“至”字为义者，必曰“穷至事物之理”，而后其说始通。则夫以“正”字为义者，亦必曰：“格正其意所用之物”，而后其说始通也。穷至事物之理者，既上去一“穷”字，下去一“理”字，而直曰“致知在至物”之不可通。则夫“格正其意所用之物”者，上亦去一“格”字，下亦去一“物”字，而直曰“致知在正意”，其独可通乎？意之所用即意也，所以好好色、恶恶臭者也；即心之所发，所以忿懥[1]好乐忧患恐惧者也。格而正之，即所以诚其意、正其心、使自慊而无不在者也。欲诚其意，在致其知。而欲致其知，又在正其意。圣人之言，岂其颠迷一至于是乎？吾是以决阳明之说，不可训也。

王氏曰：彻骨之论，与牵搭之说自不相能。

---

① 忿懥：忿恨、愤怒的样子。

格　物

夫"穷理尽性"，圣人之成训，见于《系辞》者也。苟"格物"之说而果即"穷理"之义，则圣人何不直曰"致知在穷理"，而必为此转折不完之语，以启后世之弊耶？

圣人所以不曰"致知在穷理"，而必曰"在格物"者，非故为此转折不完之语也，正以言"格物"则与上文"物有本末"之"物"字相应，意既完备，词亦明白。若曰"穷理"，则须于"物"之中推个"理"字出来，便觉多了一层。故不若言"物"而"理"自在其中之愈也。

王氏曰：古人以"物"字与"理"字通用，如孟子曰"万物皆备于我矣"，此"物"字分明是"理"也。

穷理格物

《大学》“格物”之说，自与《系辞》穷理大旨虽同，而微有分辨。“穷理”者，兼格、致、诚、正而为功也。故言“穷理”，则格、致、诚、正之功皆在其中；言“格物”，则必兼举致知、诚意、正心，而后其功始备而密。今偏举格物而遂谓之穷理，此所以专以穷理属知，而谓格物未尝有行，非惟不得“格物”之旨，并“穷理”之义而失之矣。

《诗》曰“有物有则”[①]，言有是物必有是则也。“则”者，理也，内外齐贯，首尾一致，自格、致、诚、正而为功也。则格、致、诚、正固有理而当穷，而修、齐、治、平独无理而不当穷乎？又曰：“言‘穷理’，则格、致、诚、正之功皆在其中；言‘格物’，则必兼举致知、诚意、正心，而后其功始备而密”，是以理与物为二也。夫穷理者，穷其理之在物者也；格物者，格其物中之理也。安得以为二而谓穷理可该格、致、诚、正，格物必有待于兼举致知、诚意、正心乎？况格物、致知、诚意、正心，圣人本列为四事，又安得是穷理而谓必兼举之非乎？《易》言穷理尽性以至于命，则穷理者格致之事，尽性者诚正之事，又安得遗“尽性”而单引“穷理”以该格、致、诚、正乎？经文言“致知在格物”，则格物者乃致知之功也，安得以穷理不当属“知”而谓格物之必有“行”乎？故《易》之穷理，《大学》之格物，

① 出自《诗经·大雅·烝民》。

其致一也。阳明之论，盖由不明“格物”之“物”，即“物有本末”，而以意之所用为“物”，故其流弊遂至于此而不悟尔。

王氏曰：穷理格物，其说本明，被阳明搅乱一场，令人耳目昏暗。

良知学知

夫子尝曰："盖有不知而作之者，我无是也。"是犹孟子"是非之心人皆有之"之义也。此言正所以明德性之良知，非由于闻见耳。若曰"多闻择其善者而从之，多见而识之"，则是专求诸见闻之末，而已落在第二义矣，故曰"知之次也"。夫以见闻之知为次，则所谓知之上者果安指乎？是可以窥圣门致知用力之地矣。夫子谓子贡曰："赐也，汝以予为多学而识之者与？非也，予一以贯之。"使诚在于"多学而识"，则夫子胡乃谬为是说以欺子贡者邪？"一以贯之"，非致其良知而何？

"不知而作（之）者，我无是也"，是夫子固已自任其知矣。然其所以知，只是"多闻择其善者而从之，多见而识之"耳。其曰"知之次"者，盖此是夫子自道之词，故谦言"知之次"，而非谓更有知之上者也，犹曰"吾从大夫之后"[①]，"后"者谦词也。阳明不悟"次"字之意，遂以见闻之知非德性之知，而真以为知之次，则天下岂复有贤于仲尼而为上智者与？且夫子不惟自以为次而已也，又尝有"吾有知乎哉？无知也"[②]之说矣。然则亦可因其言无知也，而遂以为果无知乎？故夫子非无知也，亦非知之次也。其所以必多闻而择、多见而识者，盖义理可以生知。而至于古今事变、礼乐名物，则虽圣人亦有所不知焉。故问礼、问官、问乐、问琴，入太庙每事问，与夫沧恨之歌、童子之谣，必致其察者，皆所以充广其德性之知而成其无所不知之睿圣尔。固

① 出自《论语·宪问》。

② 出自《论语·子罕》。

非圣人之道必降，而自卑之言亦非专求见闻之末而落在第二义者。使果以此为次而别求所谓上者，则必如佛氏之顿悟，而后为无上法第一乘矣。阳明岂以佛氏为贤于仲尼者耶？然则“予一以贯之”非欤？曰：此正与此相发者也。一者，心也。贯者，贯乎万事也。惟其多学而识，而凡事事物物之理无所不具，而后“一”得以贯之，不然胸中空疏而无物，虽有是“一”，将何所施其贯耶？昔刘公健尝戏丘文庄曰：“丘仲深有一屋散钱，只欠索子。”文庄应之曰：“刘希贤有一屋索子，只欠散钱。”刘默然甚愧[①]，即此一贯之说也。是故，由博文而后可以约礼，由格物而后可以致知，由博学详说而后可以反约，由执两端而后可以用中，由多识前言往行而后可以畜德，由勉强学问而后可以知益明，由多闻多见阙疑阙殆而后可以寡尤悔，由学问思辨而后可以笃行，由多学而识而后可以一贯，由多闻而择多见而识而后可以无不知而作。且夫子一贯之旨，凡再言之，一则以曾子随事精察无所不省可以贯矣，故告之一以贯之；一则以子贡多学而识无所不闻可以贯矣，故告之一以贯之。其余无可贯者，则不告也。但随问而答，随事而告，皆使之用力于日用云为[②]之际，以为可贯之地，而不骤以一语之，则圣门入道之要可识矣。今学者不屑下学之功，曾无积累之渐，而遂欲直下承当一超径入曰“此夫子一贯之理也”，是犹欲为九层之台而基址不固，台必不可得而成矣；欲行千里之镐，而足下不始，镐必不可得而几矣。不然顿悟之妙，至于佛氏亦已至矣，而何以不可治天下国家耶？正以无散钱，虽有索子无益也。故佛氏之道，道其所道，而非吾之所

① 参见冯梦龙《古今谭概》。

② 云为：犹言行。云，说、言。为，行、做。

谓道也。阳明之学，学其所学，而非吾之所谓学也。

王氏曰：辟不由见闻之说，深得圣人宗旨，则知一超径入之说甚为误人。

格物致知

格物是致知工夫，知得致知，便已知得格物。若是未知格物，则是致知工夫亦未尝知也。

此条盖言“致知格物是一事”之意，然亦本于朱子。朱子尝言六个“欲”与“先”字，谓欲如此必先如此，是言工夫节次。若致知则便在格物上，“欲”与“先”字差漫，“在”字又紧得些子。又言“致知、格物只是一事，非是今日格物，明日又致知”[①]，又言“明明德于天下”[②]，以上皆有等级，到“致知格物”处便亲切。故不曰“致知者先格其物”，而只曰“致知格物处”便亲切；故不曰“致知者先格其物”，而只曰“致知在格物”。以愚言之，“在”字即“先”字意也。朱子以此二字看得有等级，此是朱子之学未到洒然处。若阳明因之，以为知得“致知”，便已知得“格物”，则益危殆而不安矣。盖圣贤用字，自是不拘其所以易先为在者，亦其下语时偶然如此尔，而非谓致知、格物是一事也。故下节“物格而后知至”仍用“后”字，“后”字正对前“先”字。若以“在”字异于“先”字，则此“后”字与上文不相应而不当用矣，此可见“在”即“先”字之意。又以传文考之：七章释正心修身，则言所谓“修身在正其心”者，此谓修身在正其心。八章释修身齐家，则言所谓“齐其家在修其身”者，此谓身不修不可以齐其家。皆只有“在”字，而无

① 出自《朱子语类》卷十五。

② 朱熹版《大学》：“古之欲明明德于天下者，先治其国。欲治其国者，先齐其家。欲齐其家者，先修其身。欲修其身者，先正其心。欲正其心者，先诚其意。欲诚其意者，先致其知。致知在格物。”

所谓“先”字，是可见“在”即“先”字意也。在于九章释齐家治国，而言所谓“治国必先齐其家”者，宜若异于在矣，然又曰“故治国在齐其家”，此谓治国在齐其家。一章之中，“在”“先”迭见，尤可见二字之同一义也。十章释治国平天下，而曰“所谓平天下在治其国”者，固可见“在”即“先”字之意，而以“平天下”代“明明德于天下”，则又可见亲民之为□□□□新民而阳明亲民之说之非也。呜呼！阳明无暇论矣。以朱子之《大学》，而犹有未尽洒然如此字者，学岂易讲哉？

巾幅刻此。王氏曰：前后征据，跌扑不破。

朱陆是非

各自且论自己是非，莫论朱、陆是非。

此即夫子“不暇方人”[①]之意。然朱、陆是非，则当今道术所系，要亦不可不论也。象山斥朱子之支离，余固以明其不然矣。朱子斥象山以禅学，则其说之然否，尚未有以决之者也。以今考之，象山之学全是告子。何也？观其论告子曰：“告子不得于言，勿求于心，是外面硬把捉的。要之，亦是孔门别派，将来也会成，只是终不自然。”[②]又曰：“告子硬把捉，直到不动心处，岂非难事？只是依旧不是。”虽说他“终不自然”“依旧不是”，然味其语意，直是十分称许尊信他，只为当初被孟子斥其“义外”说坏了他，故为是半许之词，以为别派尔。说别派，便见还有正派在，看来孔门真亦有此派，原宪“克、伐、怨、欲不行”[③]，岂不是把捉得定？定则自有一种明光自在的意思，所以他对夫子直以仁，自信略无逊避商量之词。观“可以为仁矣”之“矣”字，可见看他工夫只是一个不行便了。比之孔门相传，尧舜以来，精一、敬义、博约、忠恕、诚明等说，果似径截占便宜，然却不如那的公公当当、平平正正从大门里进去，虽较迟些，直是从容涵泳而有余味也。故夫子但许其难，而不许其仁。夫不许其仁者，以其非正派；而许其难者，见其亦是别派也。象山之学正是如此。其言曰：“人心本来无事，胡乱被事物

① 出自《论语·宪问》。子贡方人，子曰：“赐也贤乎哉？夫我则不暇。”方人：讥评他人。

② 此章所引陆九渊之语，见《象山语录》。

③ 《论语·宪问》中，原宪问孔子：“克、伐、怨、欲不行焉，可以为仁矣？”子曰：“可以为难矣，仁则吾不知也。”

牵将去，若是有精神，即时便出便好，若一向去便坏了。”此言人心当把捉也。其曰：“某因此无事则安坐瞑目，用力操存，夜以继日。”又曰：“每理会一事时，血脉骨髓都在自家手中。”此言有事无事皆硬把捉也。其曰：“心无形，不知何故能摄制人如此之甚？”此把捉时见得他如此。至于所谓“风恬浪静中，滋味甚长”，则把捉既定而不动心之地也。到得不动，则亦成矣，成则不可谓不自然矣，自然则安矣。但其成而安，与正派别如尧夫[①]之学已到至处。程子不直许之，而特言“就其所至，可谓安且成”，正以尧夫之学终是与吾儒别故也。他又恐人说他是告子、是别派，故又谓“读书讲求义理，正是告子义外工夫”。夫读书穷理，此孟子知言之事，正与告子相反，何缘是告子工夫？只为要见得自家不是告子，故硬以此言推却他。及见朱子指其“不读书，不求义理，只静坐澄心，却是告子义外”[②]，便又说：“某何尝不教人读书，只是比他人读得别些。”子正如告子论性一般，杞柳之说不胜，遂变为湍水之说；湍水之说不胜，又言生之谓性。只是把言语支吾躲闪将去，终不肯反求其理于心。且其教人读书，亦只教读苏[③]文。夫苏文险诞何足读？只为他的说话有契于己，故令读之。如韩[④]文平实近理，便说他未易读而不读之矣。他人读书以广异闻来新得，他读书只是将书作自己的印证，真是比他人读得别，其实与不读一般。故象山之学，全是告子。当时人亦有讥其专欲管归一路者，他答以“吾亦只有此一路”。看来象山之一路，正是孔

① 尧夫：指邵雍，字尧夫，谥康节，北宋著名理学家。

② 出自《朱子语类》卷五十二。原文为：“陆子静云：‘读书讲求义理，正是告子义外工夫。’某以为不然。如子静不读书，不求义理，只静坐澄心，却似告子外义。”

③ 苏：指苏轼。

④ 韩：指韩愈。

门之别派。派为别派，路是径路，别派非正派，径路非大路。使朱子直以此斥之，吾知象山虽执拗，亦将心服口呿[①]而不敢复辩矣。今乃以夷狄之一法而加之孔门之一派，无怪乎其不肯服也。然则象山非禅学与？曰：告子之学即原宪之学，佛氏之学即告子之学，象山之学即佛氏之学，皆是硬把捉此心，以求到不动之地。但佛氏说得较阔大又较惊怪尔，其实只是一般。象山说到："内无所累，外无所累，自然自在，才有一些子意便沉重了。彻骨彻髓，见得超然，于一身自然轻清，自然灵大。"又谓："此中却似个闲闲散散、全不理会事的人，不陷事中。"分明有禅家的意思。但当初原只是告子之学，不曾学禅，所以虽流入禅家境界，亦认做不动心的效验而不肯服也。若阳明原从禅学过来，学无所得而后循之为象山，所以虽种种学他说话，只是不相似，何以明之？象山尝言："自立自重，不可随人脚跟，学人言语。"且如原宪、告子、佛氏、象山，皆是各立一家主意，恁地吃紧以把捉此心。初无一句因袭语，若无许大眼力也，看不破他是一个学术，所以虽是孔门别派，卒有立于天下。若阳明之于象山，见其说人要有大志，志个甚的，遂言"人苟诚有求为圣人之志，必思圣人之所以为圣人者安在"。见其说"心只是一个心，某之心，吾友之心，上而千百载圣贤之心，下而千百载复有圣贤之心，亦只如此"，遂言"千古圣人只有这些子"。见其说《伊川易传》《胡氏春秋》《上蔡论语》《范氏唐鉴》是陋说，遂言朱子《集注》《或问》为误说。见其说"圣人赞《易》，却是个'简易'字道了"，遂言"向与汝说圣人之学简易广大""已与汝一句道尽"。见其说"吾友是泛然问"，遂言"汝今只是了人事问"。见其说"战战兢兢，那有闲管时候"，遂言"持志如心痛，一心在痛上，

---

① 呿：张口的样子。

岂有工夫说闲话、管闲事”。见其说“人心有病，须是剥落，剥落得一番，即一番精明”，遂言“私欲日生，如地上尘，一日不扫，便又有一层”。见其说“在人情事势物理上做工夫”，遂言“人须在事上磨，方立得住”。见其说“人精神在外，至死也劳攘。须收拾作主宰”，遂言“精神道德言动，大率收敛为主，发散是不得已”。见其说“如此只是定本”，遂言“难预先定一个规矩在”。见其说“若根本壮，怕不会做文字”，遂言“但不忘栽培之功，怕没有枝叶花实”。见其说“惟精惟一，须要如此涵养”，遂言“精一、博约只是一个工夫”。见其说“格物者，格此者也”，遂言“心外无物，如吾心发一念孝亲，即孝亲便是物”。见其说“识得未济道，便是文王”，遂言“体认得自己良知明白，即圣人在我”。见其说“吾亦只有此一路”，遂言“凡人为学，终身只为这一事”。见其说“深山有宝，无心于宝者得之”，遂言“无意中得此良知一助”。见其说“涓涓之流，积成江河”，遂言“与其为数顷无源之塘水，不若为数尺有源之井水”。见其说“今人略有些气焰者，多只是附物，元非自立也”，遂言“若无主宰，便只是气奔放，如何不忙”。见其说“人不肯如此，须要有个说话”，遂言“圣人亦不肯多道，故曰予欲无言”。见其说“且如情性心才，都只是一般物事，言偶不同尔”，遂言“此道亘古亘今，无终无始，更有甚同异？心即道，道即天”。见其说“学苟知本，六经皆我注脚”，遂言“四书五经不过说这心体，心体即所谓道，心体明即是道明，更无二”。见其说“人心最爱泊着事，若教弃事时，如猢狲失了树，更无住处”，遂言“心猿意马，拴缚不定”。见其说“读书讲求义理是义外工夫”，遂言“朱子即物穷理，此告子义外之说”。见其说“血脉不明，沉溺章句何益”，遂言“此只在文义上穿求，故不明如此”。见其说“不过切己自反，改过迁善”，遂言“见善则迁，有过即改，方是真切工夫”。见其说“人情物理之变，何可胜穷，若其标末，虽古圣人不能尽知”，遂言“大端惟在复心体之同然，而知识技能，非所与论”。见其说“苦思则方寸自乱”，遂言“私意安排之思，自是纷纭劳扰”。见其说“此事不借资于人，人亦无着力处”，遂言“须是自家调停斟酌，他人总难与力”。见其说“年少子弟居一故宅……甚安且广……乃不能自作主宰……续先世之业……而日与饮博遨游市肆……不能复享其安且广”，遂言“富家子孙，不务守规享用其产业库藏之实积，日遗忘散失，至为窭夫丐人”。见其说“看文字时有合意或紧要事节，不妨熟读，读得文字熟底，虽少亦胜卤莽而多者”，遂言“授书不在徒多，但贵精熟”。看他说话，真绝相似，但读了阳明之言又读象山之言，读了象山之言又读阳明之言，便自见得不同。此无他故，象山尝言：“穷究磨炼，一朝自省。”又谓“莫厌辛苦，此学脉也”，则象山之学，盖从磨砺辛苦中来，所以他说“大纲提掇来，细细理会去”，恁地笃实。尝与朱、吕二公论《易》九卦之序，大为二公所叹服。其在白鹿发明君子喻义之旨，朱子极口称之，信非偶然。阳明本只是个豪爽之士，无细细理会工夫，徒影影见得那提掇的意思，便将说话去模仿他，正如象山所谓“随人脚跟，学人言语”者也。所以相似处便索性相似，一不相似便索性说出一个依旧的王伯安[①]出来。如论为学，象山本言“有讲明，有践履”，而他却说“明善是诚身工夫”；如论知行，象山本言“知即乾，行即坤。知之在先，故‘乾知大始’；行之在后，故‘坤作成物’”，而他却说“知行是一个”；如论格物，象山本言是“研究物理”，而他却说是“心外无物”。凡若此类，皆阳明自信以为大议论

① 王伯安：王阳明字伯安。

而所失如此。则其他之绝相似者，特其外之牝牡骊黄[1]，如有子之似圣人焉耳。以其牝牡骊黄，而遂信其千里；以其似，而遂许其圣人，可乎？或曰：阳明学人言语，不特前说而已。即如此段所谓“各自且论自己是非，莫论朱、陆是非”者，亦出于象山所谓“吾友但当孜孜行其所知，不当与人辩论是非之语”者也，但未知其意果相似否？尔曰：是非之心，人所固有。圣学之要，必先知言。当时象山只因詹子南纷纷于无益之论，人己俱失，故戒其不当与人辩论是非，非谓论是非，但当论其在己，而不当论其在人也。昔杨敬仲尝问象山何如是本心，象山告以“恻隐、羞恶、辞让、是非”是本心，敬仲未省，三四问象山，终不易其说，敬仲亦未省。偶有讼扇者，敬仲既断其曲直，又问如初。象山曰：“适来断扇讼，是者知其为是，非者知其为非，此即敬仲本心。”敬仲大觉，忽省此心之无始末，忽省此心之无所不通。象山谓其一日千里，则是敬仲之省悟由其断扇讼之心。而象山教人省悟，亦只是指其断扇讼之心。朱、陆是非，即扇讼是非。论朱、陆是非，即断扇讼是非，皆所以提省此心，使之常存不昧，以俟其倏然之顷省发而融贯焉。则亦莫非为己之学矣，孰谓己之是非所当论、而人之是非不当论哉？此象山、阳明之言所以虽绝相似而实不同也。又曰：观敬仲识本心于断扇讼，亦自见得《大学》听讼之传是释格物致知。

王氏曰：正派、别派之说，与告子、象山、阳明源流，皆卓有实见。至说阳明是个豪爽之士，无细细理会工夫，极是。

① 牝牡骊黄：原意是观察事物要注重本质，不在乎外表怎样，后比喻事物的表面现象。骊，黑色。

气即是性

“生之谓性”，“生”字即是“气”字，犹言“气即是性”也。气即是性，“人生而静以上不容说”，才说“气即是性”，即已落在一边，不是性之本原矣。孟子“性善”，是从本原上说。然性善之端须在气上始见得，若无气亦无可见矣。恻隐、羞恶、辞让、是非即是气，程子谓：“论性不论气，不备；论气不论性，不明。”亦是为学者各认一边，只得如此说。若见得自性明白时，气即是性，性即是气，原无性气之可分也。

天地间只是一个元气，浮而上者阳之清为天，降而下者阴之浊为地。其间日月之代明、四时之错行、万品之流形、山川之融结，无非气也。人亦万品中之一尔。《易》曰：“一阴一阳之谓道，继之者善也，成之者性也。”阴阳，气也。以是气继之，人而谓之性，是性即气也。传曰：“由太虚，有天之名；由气化，有道之名；合虚与气，有性之名。”①虚即元气也，气化即阴阳也。合元气、阴阳而谓之性，是性即气也。孟子知之，故有“其为气也，至大至刚，以直养无害，则塞乎天地”②之论。苏子知之，故有是气也，“在天为星辰，在地为河岳，幽则为鬼神，而明则复为人”③之论。故愚窃以为：气即是性，即是道。盖道出于性、出于天，“维天之命，于穆不已”④，而其所以不已者，只是元亨利贞⑤四者周而复始而已。人得是元亨利贞之命，而为仁、义、礼、

---

① 出自张载《正蒙·太和篇第一》。

② 出自《孟子·公孙丑上》。

③ 出自苏轼《潮州韩文公庙碑》。

④ 出自《诗经·周颂·维天之命》。

⑤ 元亨利贞：出自《易经》乾卦的卦辞，原文为“乾，元亨利贞”。

智之性，发之为恻隐、羞恶、辞让、是非之情，率之为亲、义、序、别、信之道命，非气乎？命既为气，则性独非气乎？性既为气，则其所发、所率又独非气乎？愚虽的然自以为无复可疑，而不敢以号于人，恨不得起孔孟而质之，以定其说也。阳明之学，本甚疏漏，至于此条所谓“气即是性”“恻隐、羞恶、辞让、是非即是气”“见得自性明白时，气即是性，性即是气，原无性气之可分也”，若为有见之言，然又谓“才说‘气即是性’，即已落在一边，不是性之本原”，则所谓性之本原者，果何物乎？又谓“孟子‘性善’，是从本原上说”，则所谓“性即是气”者，乃无善之性乎？又谓“性善之端须在气上始见得，若无气亦无可见”，是以性为不可见，气为可见，而性与气为二也。何以谓“原无性气之分”乎？要之，性之本原既是善，善即所继之善，所继之善即是一阴一阳之道，一阴一阳之道即是命，命即是天地之元气。既为天地之元气，则性即气，气即性，无有所谓本原，无有所谓落在一边。而人生而静以上，亦无有所谓不容说矣。盖阳明亦不是真实见得，故其立言含糊衡决[①]而无一定之论尔。不然阳明之辩，能使龟长于蛇，轮不辗地，而独于此拙其辞乎？

王氏曰：阳明谓“气即是性”，其说固是不若此说之尽精微也。

煐曰：此“气”字要看得分晓，先生又曰“那会视听言动的，便是性，便是天理”，皆缘认“气”为“性”来。夫子分明说“非礼勿视，非礼勿听，非礼勿言，非礼勿动”，则视、听、言、动少有非礼，便不是天理。故认是元气，则可说“气即是性”。若认做视听言动也，只是“生之谓性”。

---

① 衡决：横裂、不衔接，引申为混杂、纷乱。

妄心照心

夫妄心则动也，照心非动也；恒照则恒动恒静，天地之所以恒久而不已也。照心固照也，妄心亦照也；其为物不二，则其生物不息，有刻暂停则息矣，非至诚无息之学矣。

“妄心则动也，照心非动也”，是也。“照心固照也，妄心亦照也”，则非也。盖照心者，谓心之虚明，自然照物如鉴之空，而物之妍媸不能遁也。若是妄心，犹反鉴而索照矣。有是理乎？是故“照心固照者”，诚精而明也。“妄心亦照”者，以逆亿为明也。且以照心、妄心为“为物不二”，以固照、亦照为“生物不息”。不二者，至诚也；至诚者，无妄也。以妄心为不二，然则至诚亦有妄乎？妄亦可以言诚乎？而天地圣人之心皆可以言妄矣。盖阳明醉心佛氏，而佛氏以天地为幻妄，则其以妄心为不贰也，亦何怪哉？

王氏曰：至诚无妄，极破得是。

良 知

夫良知一也。以其妙用而言谓之神，以其流行而言谓之气，以其凝聚而言谓之精，安可以形象方所求哉？

精属阴，气属阳，神则精气之妙用，故曰精、神，又曰神气。此三者，自是养生家之说。阳明乃以说良知，是以仙为儒也，可乎？自古异端所以为吾道害者，一佛氏而已。盖其说比杨墨为近理，故其为害亦弥甚。若佛家之说，不过出于老氏养生之一端，本不足为吾道之害，而世亦未尝以害吾道视之。至象山，乃有“方士、禅伯真为大祟”之语，以方士并禅伯，于是始为吾道增一异端矣。然虽以为异端而犹祟之，则是佯斥之也。阳明则不惟不斥，而且引致之又招认之矣。如曰“‘不思善不思恶时认本来面目’，此佛氏为未识本来面目者设此方便。‘本来面目’即吾圣人所谓良知”、致知格物之功即“佛氏之‘常惺惺’，亦是存他本来面目尔。体段工夫，大略相似”[①]，是自认其佛也。又曰“后世儒者之说与养生之说各滞于一偏，是以不相为用。前日‘精一’之论，虽为原静爱养精神而发，然而作圣之功，实亦不外是矣”[②]，是自认其仙也。呜呼！精一之旨，岂精神之说、格致之训？岂惺惺之方？而阳明一则曰“相似”，一则曰“相用”，遂使世之儒者祖虚玄之禅会，言下相诧机锋，袭深隐之仙方，教外别神口诀。此其为害不又甚于仙佛者乎？虽然仙佛之所以克立者，惟其不相惑乱，自致于至也。设仙而佛也，其不仙矣；佛而仙也，其不佛矣。儒之不可以惑乱亦若是也，而

---

① 出自《王阳明全集·传习录中》第75页。

② 出自《王阳明全集·传习录中》第70页。

倏而仙，又倏而佛，其能儒也耶？雅杂于郑，不成其雅，亦不成其郑。渭错乎泾，不成其渭，亦不成其泾。然则方士禅伯真为大崇，而阳明者，不儒不仙不佛者也。虽不崇之，可也。

王氏曰：合儒释道为一，真是阳明浑淆大病，卒之不儒不仙不释，世俗所谓“三脚猫”也，到底亦无所成。

动即为欲

理无动者也，动即为欲。

夫欲生于动者也，非动即为欲也。使动即为欲，则太极之动而生阳亦即为欲乎？故动非欲也，动之流则欲也。欲则善恶分，而祸福出矣。故动者，圣人之大恐也。何也？天欲暑也，必于四月间雷雨大作，蒸然变动一番，而后暑成。天欲寒也，亦必于八月间风雨大作，凄然变动一番，而后寒至。故人不变动则福不兴，不改作则福不及。然人莫不幸福以动，而卒以祸者十常八九也，故动者圣人之大恐也。

王氏曰：此即吉凶悔吝生乎动，而周子所谓“动可不慎乎”之意。

良知是非之心

良知者，孟子所谓“是非之心，人皆有之”者也。是非之心，不待虑而知，不待学而能，是故谓之良知。

良知之说，出自孟子。孟子言人之不学而能者，良能也；不虑而知者，良知也[①]。分明以知、能对说。阳明遗其良能而独举良知，已失孟子之意矣。又嫌其遗而以所以为良能者，混在良知之内，不几于侮孟子之言乎？况是非之心乃四端之一尔，以良知而偏属之，则所谓恻隐、羞恶、辞让者，皆非良知矣。恻隐、羞恶、辞让既非良知，则所谓良知者，亦只明得是非一路，而非此心之全体大用矣。岂以象山尝指敬仲“断扇讼是非之心即本心”之说而为此言与？然象山本言恻隐、羞恶、辞让、是非之心为本心，因敬仲未省，故即其断扇讼之一端以开明之尔，非谓此一端可该得那三端也。然则阳明之学，名虽因象山以溯孟子，而其实非象山、孟子之学也。且四端者，心之已发者也，既以已发之心为良知，何以又言良知即是未发之中乎？既以是心为人皆有之，何以又言不可谓未发之中，常人俱有乎？盖其见理不精，知言不审，故言论之际百孔千疮，随处证见不可掩覆如此。呜呼！杨墨塞路，孟子辞而辟之廓。如田巴稷下之辩，一旦而服千人，鲁连一说使终身杜口。彼苦行不如杨墨，辩口不及田巴，而欲不屈于今日之正论，难矣。或曰：“《传习录》近有增定者，视旧加详而辩不及，何也？”曰：余所辩《传习录》，盖上册是阳明在赣时，其徒徐曰仁、陆原静、薛尚谦之所录校。

① 《孟子·尽心上》：“人之所不学而能者，其良能也；所不虑而知者，其良知也。”

而下册则阳明归越，而郡守南元善益以问答诸书者也。观其序云“师之在日，精神足以自致，尚不能无赖，于是录之助”，则是录实阳明亲所裁定，而其徒相与守之久矣。夫以阳明之亲所裁定，而犹有遗论若此，况今所增定乃出于其没后钱德洪、王汝中之手，其又何足以为据而与之辩哉？

王氏曰：以良知概良能，以是非之心概四端，偏僻之甚。盖阳明挟俊爽之才，逞豪逸之辩，多以余意为正意，以两件为一件，而驾以乱天下矣。其如人心公论，不可泯何？

跋

跋　一

斯道自孔孟殁后千余年，得程朱阐发，始昭明洞达。人有把柄，学知向方。我圣祖用朱说取士，而非其说者，则罪之摈之。所以正人心、开泰道，为后世虑至深远也。乃阳明窃佛氏，揭良知，为一切简截之说，以极诋程朱。而究其末流，将必有坑焚之祸，甚于"率兽食人，人将相食"[①]者。昔人谓平平净净一世界，被王安石搅坏了。余亦谓明明白白一道理，被王阳明搅坏了。间欲辞而辟之，而才力短浅不足以达意，又衣食奔走无暇于举笔，故虽志焉而未逮也。今睹《求是编》意，若得余所同得，而辞皆发吾所不能发。盖精细如茧丝牛毛，剖析如快刀利斧，平正如康庄通衢，明皎如青天白日。而其辩"亲""新"先在字义本同，格物、主敬传意自备，又足订程朱之误，破千古之疑，有益世道不浅。

① 出自《孟子·梁惠王上》。

昔桓谭[①]独称《太玄》[②]绝伦，冯子非莽大夫[③]是编异《覆瓿集》[④]。今之桓谭，宁独[⑤]余哉？夫冯子之说行，则阳明之说废，而坑焚之祸息，固生民一大幸也。因僭为之评且识其末。

时万历戊子秋仲朔

友人心闻子王黎书于澄心楼

---

① 桓谭：汉代人。

② 《太玄》：《太玄经》，西汉末年扬雄撰，也称《扬子太玄经》，简称《太玄》《玄经》，将源于老子之道的玄作为最高范畴。

③ 莽大夫：指扬雄。扬雄本仕汉朝，王莽称帝时，仕莽为大夫。

④ 西汉末年，刘歆看见扬雄作的《太玄》，认为深奥难懂，曾对扬雄说："吾恐后人用覆酱瓿也。" 意思是只能用来盖酱罐，比喻著作没价值。后"覆瓿"也用作谦辞。瓿，小瓮。

⑤ 宁独：岂仅。

跋　二

圣道之相传如宗法，然孔孟以来，宋儒周、程、张、朱辈，业有定论矣。我朝理学，如文清薛公，以复性为教，读其遗言，明白恳切，洞然无疑，其为孔孟大宗，盖定论也。阳明先生创致良知之说以提醒人心，谓非孔孟之宗不可，然举而后之，大宗窃尝疑之。近世有志圣学者，和阳明而异朱子，且十八九焉，何与？兹得慈溪冯贞白先生《求是编》玩之，恍然曰：先生之学，粒民之菽粟也。是编作而圣门之宗法定矣。枝非知道者，深有感于贞白先生之言契余心也，因识其私云。

万历己丑孟冬

语溪后学沈枝载拜手书

跋　三

岁辛未，家君疢疟，少瘥[①]伛偻，据箦[②]将朱笔勒《传习录》之可疑者，墨笔论议之，昕[③]夕不怠。伯仲兄率煐跪请曰："愿善静摄。"叹曰："左丘失明，厥有国语；朱子易箦，犹改意诚。幸缓须臾死，得毕所见，目瞑矣。"辄手不停披，稿经数易，克成此编，镌播四方，即尸祝[④]致良知之学者，靡不舌举口呿。永斋殿下采刻巾幅，以广其传，则此编非以雕文刻镂相稚明矣。近观当途[⑤]长者，见新学之行，至勤抗疏[⑥]笔柬，编言人人殊[⑦]，期以反[⑧]经卫道之心，则一果且有彼是乎哉？王心闻[⑨]，吾慈[⑩]博物君子也，心服此编，详加评释，兹删其褒美而存论议之合道者十之三，分章附注。顾煐实寡昧，间或管窥，则校阅而偶得者，不揣尾续，以就正有道云。

万历丙申仲春吉寓新吴署
不肖季子煐熏沐百拜识

---

① 少瘥：略有好转。瘥，病愈。
② 箦：用竹片编成的床垫子。
③ 昕：太阳将出时。
④ 尸祝：指崇拜。
⑤ 当途：掌握政权，或指掌握政权之人。
⑥ 抗疏：意思是向皇帝上书直言。
⑦ 言人人殊：指各人有各人的意见。
⑧ 反：通"返"。
⑨ 王心闻：指王黎。
⑩ 慈：慈溪。

福建学道崇正堂翻刻《求是编》序

焸[1]高祖坦庵朝议公，即以文学名世，如代行文翰类选大成其一斑也。庭训家传，有隆勿替。大父北湖登仕公，耽研理学，纯粹以精。时致良知之学盛行，先己酉岁，掌教怀庠督学朱镇山公讳衡[2]、军院沈公讳宠皆檄主五经书院会。沈则梓《传习录》者而启迪后进，惟竟守祖训师说不少变，尝书其堂曰："朝廷有一定之规，何必他图寻别业？寻别业便入了别途，圣贤无一偏之学，不须立异讲良知，讲良知便废了良能。"趣可知已，而迫于迟暮不及成一家言。先子贞白承德公，悟通三极，学求一是，倡道慈湖，党徒云集，玄言名理，自开户牖。而寻宗切脉竟皈考亭，顾七举不博一第。且新学初特盛于江右，及华亭[3]当国亦复左袒，而吾邑登朝者虽知交受业，皆舍所学以从彼，而公亦无如之何也。又附会致良知之说于慈湖之不起意，而于是慈湖之会绝先子迹矣。隆庆改元丁卯，诏举贤良郡县，以先子应，不果用。庚午冬，患痎疟几不起，曰："吾欲更俟五六十岁为之，而天不我慭奈何。"则就床第中取代行《传习录》中可疑者，分章摘段，支疏节驳，以要于是。辛未春始脱稿，题曰《求是编》，书

① 焸指冯焸，冯柯次子。后文同。

② 古代编者用夹注注明其名。朱镇山公，名衡。后文同为注明人物之名者，不另注。

③ 华亭：指徐阶，字子升，号少湖，一号存斋。松江府华亭县（今上海市松江区）人。明代中期名臣，嘉靖后期至隆庆初年内阁首辅。

成而疾亦愈。因梓家塾，合于《三极通》，质言《回澜正谕》，寓直录及诗、赋、序、记等作，名曰《冯子全书》。万历甲戌冬，访族侄益川宪副于留都，盖同庚同学友也，出此编示之，属其序。时新学方盛，谢不敢间持，以示其座主兴化李石麓相公春芳。公固与华亭同朝，因讲此学者，诧为异。时公患目眵，令揭一章诵之，乃论尽心知性章也。公曰："此段原却差些。"归而始序之，然亦不敢显是之也。丙子，宾襄署宗学先靖王赐号"贞白高士"，则复合刻金陵考宾襄录襄史国书，名曰《贞白全书》。乙酉，𪩘发解出殿，撰孙柏潭继皋老师门下计偕，时携全书就正以别。而孙师折简寄谢有曰："尊公全书出以观，人人无不奉若枕中鸿宝者。《求是编》争借传写几遍，仆间得卒业。窃以为尊公异人也，其文章咳唾而成，珠玑其识，见尘埃而游霄汉，顾仆守在官下，无路得接丰仪，为怅恨耳。侍间幸再道瞻仰至意。"岁戊，子师丁外艰归锡山，𪩘吊之，则曰："尊公全书十帙，每读一帙，则必竟帙乃已，戊已二帙。《求是编》系讲学，语姑置之，缘性素不耐看讲学书也。"及八帙完则曰："乃公八帙不啻八珍，即求是二帙，得毋[①]亦有楂梨在乎？"始视之，见前疏传习语，后为求是语，则曰："吾且未观《编》，试读《录》，一过即思所以为求是计者，计亦若传习之未可非也。及读求是，而见《编》之步步精神，《录》之着着破绽。即求是者，无胜心而无是公，遂无完肤矣。予因悟己性即钝，岂遂不可与于斯文，只缘从来讲学书皆闷昏而不开豁政，如抱薪付火，安望借管窥天，以此蹉跎岁月。今得尊公指南，便觉猛有省悟，因言日所云'争借传写几遍'者，非是异新建者，乃是附新建者，尤可见公是之。在人心者未尝泯，而即护法高足竟亦不能阿所好也。"𪩘即求师所以序此

① 得毋：表示反问或推测，意为莫不是、该不会、怎能不。

编者，而谦让曰："亦尝思为之，而语不能彻，故作而止者屡耳。"会辛卯秋，晤吴翰检观我公应宾于阜城高光禄讳定家，闻吴公精于性命学，亦即恳序之，而亦未有以应也。壬辰，娗成进士。癸巳，令奉新为先子刻宗藩训典者十二帙，因翻刻《贞白全书》十帙，总名曰《贞白支干集》。豫章宸涂辅国殿下则取《求是编》七章合《小学》一篇，刻为巾幅以传之。丁酉秋，粤东唐曙台伯元以考功郎赴京典外计道出奉新，业已引嫌不造谒矣已，思公为南户曹郎，有辨新建祀典疏学术有合求是者，遂取《支干集》往谒，则公已出馆矣。遇于涂，因就别馆而进予，予述就正意，唐公曰："集中即有《求是编》乎？不佞固藏之舆箱中，不能朝夕离也。盖从令师孙年兄所录得者。第前少司马李检庵先生讳桢尝丐予钞一册为寄，顾家无书童，负约久，今可持此报之矣。"而江右辖李景渠公得阳见是编而旨之曰："此予意中事，亦尝于羲仓谷中举笔为之，何意尊公先得我心。"戊戌秋，浙抚院刘用斋公祖元霖檄县印送《求是编》，则乃兄复斋宗伯公元震从同年孙师所见之，而因欲得之，始信传写几遍者不虚尔。己亥，娗以职方郎回籍守内艰。辛丑春正月，先子病弥留矣，而南通政使杨止庵公时乔以书来乞全书，云闻之蔡见麓国珍冢宰[①]，因以信茗家刻并牛马书侑缄[②]。娗犹呈其书于先子，先子颔之。季望前一日捐馆[③]，距辛未春犹复，享年三十岁而逝。盖蔡冢宰序《支干集》有云："总之此书，皆《求是编》一意为之，此一是，则余无不是矣。"业已归重于求是。而杨公方以《大学》三书辨证新建《大学》古本之非，故急于得此书耳。是岁五月满七七，始印集

① 冢宰：吏部尚书。

② 侑缄：附带酬答。

③ 捐馆：死亡的婉辞。

为书，且恳所以序《求是编》者，托定海郑簿以复，而刘公祖时出汛定海，讣闻檄县撰文以教官代奠，则兴起是编为多。甲辰，炡服阕[1]改补膳郎，而杨公以少宰征。至谒于朝房，一见即曰："尊公岂直理学醇深，抑何词华敏妙，朽恨无此手笔，正是欲言未能所云，序久已草，就在此一笼中，当略是正请教耳。"而公遂署铨者累年。及炡转主客副郎，公亦尝为之称旧同寅，然绝不复以书通意。俟其升各部正卿而请之，不意己酉春，公竟以署终也。及诸嗣奔丧至，炡面谒道故，令其检故牍，而竟不可得，惜哉！然是春吴宪长本如公祖用先以乃叔观我丁未秋所为《求是编序》者，见示而后知吴公之所以迟十六年不即发者，盖讳其求多于新建耳，故今即为两解之词，而终无见于一统之正。若有见于是如杨少宰，而序又不传，知言信难哉。庚戌春，予以备闽兵改视学，则传道淑人其职也。而首绎敕书，深慨近时讲学者之非，故于敷言务归于体认经书，着实讲求躬行实践。其于我朝崇祀四儒，业已分别指归，而近日诸儒所以补救新建者，亦既櫽括[2]而开导之矣。然溺于习者，当令于疑处解；而兴于正者，非可以空言晓。则《求是编》一书，其不可以不翻刻也。匪直阐家学，实以端道术也。遂造总宪匡左陈公商所为序之，且叹惜杨少宰序成而不及发，吴翰检有序而不足以发。陈公曰："承示敷言，见谓门下学术，往往与吾心有默契者。今乃知家学渊源远有端绪，然予见杨止庵先生所著书，有用慈溪冯先生《求是编》中语者，惜是书留家中，当觅以奉正而。"炡会阅前道熊思成寅长所刻《大学》三书圣经首节，分注有先子冯主客《求是编》一章，则论"亲民"作"新"之一篇也，即持以问陈公，而公曰："正谓此也。"则此编

① 服阕：守丧期满除服。阕，终了。

② 櫽括：矫正。

虽不得杨少宰之序，而杨少宰之所以力求而深信者，可谓知德之奥，而知言之至矣。乃陈公不日以序见贻，则既深得新建受病贻害之源委，而先子此编非好辨求胜，而出于不得已之心，始白于天下。序中谓王氏“岂有异术……不过使人速得，自见其本心，而非从性命从出之原。……所谓秉彝物则者，一切以良知目之。……虽知有觉，而觉之所自来，与觉之所为则者，俱未及也”[①]。此真是千古道术之真正骨髓。盖知由心造者，将千变万化而终不可模；格由物定者，虽万物一则而自不相悖。故《大学》之道在明明德、新民、止至善者，古人正欲明明德于天下国家，非离天下国家之物以自安小成也。物有定格，吾即其格而求之，而毫不以已与之，则因物察则之定理，即物各付物之王道，而正心诚意之要归也。试观剪采为花者，叶片多寡信手不同；而由干达枝者，万卉千葩印板如一。苟不要于则，而物胡以格？故孔子于蒸民物则之雅叹为知道，而孟子引以明性善。使格物为义外，则孟子胡不以辟告子者辟之，而顾引以证性哉？埏自惟学殖荒落，未肯堂构，纵有见解，不出是编，则敢以是编为吾党公传道之诸士，身游圣门，范遵王道，则请一一如敕谕。所谓“将四书义理，着实讲求，躬行实践，需他日用”[②]者，便是傥谓别有见解，始益身心，则有先子此编在。吾不敢必以先子为是，而以新建为非，即先子亦止求吾道之是，而非有心于新建之非。诸士平心易气以观之，清心端虑以求之，则其于学也，即不自以为是，而亦庶不易与为非矣。而序中备述诸老钞传募刻所以慕之者如此，其颛及求所为序之者又如此其难，则先子名位气势安能动人？直是理到之言，不得不服。又见作者固难，知之不易，而知而能作者更未易也，故首陈序而其余

① 见序一。

② 张居正语。

俱后列焉。是为翻刻《求是编》序。

时万历三十九年辛亥岁秋九月赐百官罗衣日
福建提刑按察司副使奉敕提督学校中男烶稽首顿首百拜谨
识于兴化府公署之澄清堂

永斋殿下刻《求是编》《小学》巾幅跋

《求是编》刻六章，《小学》全刻七章

慈溪冯贞白先生，性禀纯粹，学贯天人，昔作宾于襄，人咸景慕丰采。涂壮时已闻公讲理性之学矣，今方得公全书。所论《大学》古本“亲”“新”二字乃古通用，以经文中“后”字“在”字发明，义意切当。其格物致知之章，本未尝缺，传文止释三纲领八条目而已，其知止及终始皆不释也。其听讼章，是释格物致知，非释本末也。此节次分明，意义切当，皆前贤所未发，足决千载之疑，使圣经贤传复明于世。其传《小学》，教养小子皆公心得之妙，非天下之至诚，孰能与于此哉？是有贤嗣次公巍科高第，初试新昊，片言折狱，民咸敬之如父母，上下信之如神明。即日居庙廊之上，临大政决大疑，光辅太平，非得心法之正乎？顾涂浅谬，敢谈性命之学哉！昔者阳明先生督抚江右时，与涂先王交接契若金兰，有先兄得亲受业其门，始终执弟子礼，于是先王专择阳明高弟，命诸子孙从焉，已历五世，尚不远先训。今读全集，殊觉快心，方始知阳明先生每论乃全体也，贞白先生学尽精微也，二公圣功之极矣。因不得诣门下亲领教旨为憾，特将数章刊为巾幅，便于观阅讲谈。一则求精传复明于世，一则为公心学化民之一助耳。因刻告成，谨赘数语。

时皇明万历乙未仲夏吉旦

豫章后学朱宸涂如道甫刊于永思书社

王学质疑

〔清〕张烈 撰

序

原　序

自阳明王氏倡为异学，以伪乱真，援儒入墨，天下学者翕然宗之。于是荒经蔑古、纵欲败检，几至不可收拾。此盖有气数存乎其间，非人力所能为也。然当狂澜横溢时，犹赖有觉世忧道之君子如罗整庵、陈清澜两先生，先后继起，震聋发聩，得以稍稍廓清。顾犹有为调停两可之说者，叩之则曰："学者尊所闻，行所知，遵朱而不辟王，可也。何用呶呶焉逞笔锋舌剑，效辨士之所为？"呜呼！是何言也！夫欲入德者，之必先屏绝淫声美色也，夫人而知之也。既屏绝矣，又必日亲正人贤士，受其箴规，药石磨砻，攻错日久，而后底于成，亦夫人而知之也。今曰"尊朱而不辟王"，是何异欲亲正人贤士，而复任淫声美色之日濡染于耳目之前？谓可以不拒者，拒之也，有是理乎？尝考朱子之学，居敬以立其本，穷理以致其知，反躬以践其实，循循畏谨，奉前圣之格言，佩前贤之遗矩，终身悚惕于视听言动、伦物政事[①]之间，若无一息可以便安者。其为学固似乎拘苦，然上之可以入圣，次亦不失为贤人。乃阳明独敢诋之为支离影响，别立致良知之说，以为即心是理，但求此心之速悟，六经任我驱使，不必循涂守辙而自合于道学者。既喜其便捷，而又可以任吾意之所欲为。于是苟且儇薄[②]之士凭陵睥睨，得以恣行其胸臆，诋呵圣贤而不顾，灭裂纲维而不畏。沿至百有余年，而士风不可复问矣。岂当时士大夫尽以朱子之学为非，而必欲变乱其成法哉！其始不过存一调停两可之见，不能勇于决择。久知其不便于己，卒至决然舍去，纵恣自适。其势不中立，而又转移之速，如此甚可惧也。吾乌知，夫今之学者不又承其流而袭其弊也耶？武承张先生，品行卓然，不随流俗，初出入于王学者有年，既而翻然自悔，洞彻底里，著为《质疑》一书以问世，盖真能勇于决择者。余一再披阅，不禁喟然叹曰：何其忧道之深、觉世之切也！其大要以朱子之学绍述程、张而远宗孔、孟，王氏之学绍述象山而远宗告子，就两家之言直指其柢牾舛错之处，其若何附会牵合而卒相矛盾、率天下为佛老、日趋于沦胥[③]而不救者，能一一穷其源而披其根。盖其心即罗、陈两先生卫道之心，而抉摘精微则又有前人所不及道者。学者果能信其言而熟复玩味，不啻暗室一炬、中天白日，任足所之而不迷于歧途曲径。夫岂诪张[④]诡辨、

① 伦物：人伦物理。政事：政治事务。

② 儇薄：巧佞轻佻。

③ 沦胥：意思是相率牵连，泛指沦陷、沦丧。

④ 诪张：欺诳诈惑。

畔[①]道离经之说所能惑溺其志也哉？是书为当湖陆稼书[②]先生所极赏，久经叙订刊行，惜乎学者不得多见，余故重付诸梓，以广其传，成先生嘉惠后学之志，并以明余之非敢好辨云。遂书以为序。

仪封张伯行[③]书

① 畔：通“叛”。

② 陆稼书：陆陇其（1630—1692），原名龙其，因避讳改名陇其，谱名世穮，字稼书，浙江平湖人，学者称其为当湖先生，清代理学家。康熙九年（1670）进士，历官江南嘉定、直隶灵寿知县，四川道监察御史等，时称循吏。其离任时，只有图书几卷及妻子的织机一部。学术专宗朱熹，排斥陆王，被清廷誉为“本朝理学儒臣第一”，与陆世仪并称“二陆”。康熙三十一年（1692）去世。乾隆元年（1736），追谥为清献，加赠内阁学士兼礼部侍郎衔，从祀孔庙。著有《困勉录》《读礼志疑》《三鱼堂文集》等。陆陇其与张烈多有交往。张烈死后，陆陇其刊行《王学质疑》。

③ 张伯行：康熙年间享有“清正廉洁”声誉的著名理学名臣。在福建巡抚任上，张伯行建鳌峰书院，广置书籍，刊刻《正谊堂丛书》，其中就有《王学质疑》。

陆　序

余尝闻高子景逸[①]之言曰："姚江天挺豪杰，妙悟良知，一洗支离，其功甚伟，岂可不谓孔子之学？然而非孔子之教也。今其弊昭昭矣。始也扫见闻以明心耳，究且任心而废学，于是乎诗书礼乐轻，而士鲜实悟。始也扫善恶以空念耳，究且任空而废行，于是乎名节忠义轻，而士鲜实修。"[②]斯言似乎深知阳明之病者，然余不能无疑焉。既曰"非孔子之教"，又可谓"孔子之学"乎？学与教有二道乎？阳明之所谓"良"，即"无善无不善"之谓也，是佛老之糟粕也，非孟子之"良知"也，何妙悟之有？支离之弊，正由见闻未广，善恶未明耳。扫见闻、扫善恶以洗之，支离愈甚矣，功安在乎？徒见其流之弊，而未察其源之谬。比之龙溪[③]海门之徒，抉阳明之波者，虽若有间，而圣人之道终未明也。以高子之好学笃行，充其力岂难登洙泗[④]之堂、入程朱之室？然犹溺其余习，未能自脱莠之乱苗、郑之乱雅，岂不甚哉？康熙癸亥，余在京师，张武承先生示余《王学

---

① 高子景逸：高攀龙（1562—1626），字存之，又字云从，南直隶无锡（今江苏无锡）人，世称"景逸先生"。明朝政治家、思想家，东林党领袖，"东林八君子"之一。著有《高子遗书》12卷等。

② 参见《陆稼书先生问学录》卷四。

③ 龙溪：王畿（1498—1583），绍兴府山阴（今浙江绍兴）人，明代思想家，字汝中，号龙溪，学者称龙溪先生。师事王守仁，为王门七派中"浙中派"创始人。

④ 洙泗：洙水和泗水。古时二水自今山东省泗水县北合流而下，至曲阜北，又分为二水，洙水在北，泗水在南。春秋时属鲁国地。孔子在洙泗之间聚徒讲学。《礼记·檀弓上》："吾与女事夫子於洙泗之间。"后以"洙泗"代称孔子及儒家。

质疑》一卷。其言良知之害至明至悉，不特尽扫龙溪、海门[①]之毒，而凡梁溪[②]之所含糊未决者，一旦如拨云雾见白日。盖自罗整庵、陈清澜而后，未有言之深切、著明如斯者也。近年，惟吾浙吕子晚村[③]大声疾呼，毅然以辟阳明为己任。先生与之不谋而合，如斯信乎德之不孤，而道之不可终晦也矣。抑愚又有惧焉：当阳明之世，其害未见，故知之也甚难，而其病未深，救之也尚易。至今日，其害已见，故知之也似易，而其病既深，救之也则难。无论显树姚江之帜，锐与吾角者，未易胜也。即闻吾言，而唯唯叹息击节不敢置一辞，而遗毒之潜伏隐藏于肺腑者，不知其几也。荡涤而消融之，岂易也哉！孟子曰："七年之病，求三年之艾。"[④]我未有艾而徒咎人之病，非良医也。阅先生之书者，其急讲蓄艾之术也哉。

康熙乙丑五月二十五日

当湖陆陇其书于新乐道中

---

① 海门：周汝登（1547—1629），字继元，别号海门，嵊县（今属浙江）人。万历五年（1577）丁丑进士。擢南京工部主事，历兵、吏二部郎官，官至南京尚宝司卿。师事罗汝芳，供罗汝芳像，继承王阳明《朱子晚年定论》的思想，以王阳明的"本心"之学为宗。

② 梁溪：李纲（1083—1140），字伯纪，号梁溪先生，理学名家，北宋末、南宋初抗金名臣。祖籍福建邵武，祖父一代迁居江苏无锡。

③ 吕子晚村：吕留良（1629—1683），明末清初杰出的学者、思想家、诗人和时文评论家、出版家。字庄生，一字用晦，号晚村，别号耻翁、南阳布衣、吕医山人等，暮年为僧，名耐可，字不昧，号何求老人。浙江崇德县（今浙江省桐乡市崇福镇）人。

④ 出自《孟子·离娄上》。

自　序

良知不讲久矣，曷为为不急之辩？曰：非敢然也。学孔子者，舍朱子莫由。而王尽翻朱子，与之为水火。其说盛行于嘉隆，天下讲学者莫不以诋朱为能。万历之世，仙佛杂霸并行，士子不复知有儒矣。间有高明特立有志儒术者，稍稍知朱子未可厚非，而意所专主仍在王陆，盖习气使然也。本朝厘正文体，朱注复兴，讲者称周、程、张、朱，而仍与王、陆并列，亦习气未尽也。相沿以为，象山尊德性，朱子道问学。不知尊德性而不道问学，究失其所为德性；道问学而不尊德性，则所谓问学者何为？朱子果如是乎？夫嗜欲机智之用，其心记诵辞章之棼[①]，其习不知有学者，无论矣。幸知有学，又为王、陆所摄，先入为主，必有好高矜忮[②]之心，无复从容巽顺[③]之志。其取朱子，取其合于王陆者而已，非朱子真面。即非孔子真面也，岂知朱子之言详密的实、中正无瑕？若阳明则虚浮飘荡，假借可以御人，按实终非妥确。望其藩篱者，皆欲扬眉努目、自标宗旨，乱儒术而坏人心莫此为甚。此而不知辨明，是终无以见孔子之道也。夫善恶两存者，总成其为恶；邪正并立者，总成其为邪；王霸杂用，只成其为霸；儒佛合一，只成其为佛。譬之白置黑内，只成其为黑也，白不可复见矣；毒置食中，只成其为毒也，食不可入口矣。愚成童时，先人教以程朱之学，信之颇笃。弱冠，始闻

① 棼：纷乱。

② 忮：既表示不顺从、违背，又表示逞强。

③ 巽顺：卑顺、顺从。

王氏之说，翻然尽弃其学而学焉。沈[1]浸于宗门者，十五六年。及闻厚庵曹先生[2]讲宋儒之学，钟陵熊夫子[3]督学畿内，与相应和。于时，学者皆始留心传注。愚随众观之。追维先人之训，恍如隔世。徐徐理之，欣然不逆于心。久久脱洗，乃知王氏之全非，盖与圣门背道而驰也。譬之言飞升者，立谈之顷，两股风生，皆虚诳耳。若朱子之言，如食可致饱，衣可御寒，宫室之蔽风雨，药饵之疗疾病，皆实用也。故曰："道也者，不可须臾离也。"[4]彼王氏者，好高逞辩，导后学以妄诞浮夸，而道术为天下裂，如之何其可并存而两用也？辄不自揣，按《传习录》中条举大要，而详绎之，用存所疑以待正于君子。数十百年之间，此道须有焕然光昭之日，王学未有不废者，黜众说而定一尊，风同俗美，庶几其可见焉！若曰逞臆见、毁前人，故为不急之辩也，乌乎[5]敢？

康熙辛酉四月

后学张烈识

---

① 沈：同"沉"。

② 厚庵曹先生：曹本荣（1621—1665），字欣木，号厚庵，黄冈（今湖北省武汉市新洲区）人。清初著名理学家。清顺治六年（1649）进士，改翰林院庶吉士。布袍蔬食，以清节自励。八年（1651），授秘书院编修。应诏，上《圣学疏》千言，其略云："皇上得二帝三王之统，则当以二帝三王之学为学。"

③ 钟陵熊夫子：熊赐履（1635—1709），清初理学名臣。字敬修，又字青岳，号素九，别号愚斋，湖广汉阳府孝感人，世籍南昌。顺治十五年（1658）进士，选为庶吉士，任职检讨，迁任国子监司业，进弘文苑侍读，以直言论事著称于时。先后任秘书院侍读学士、国史院学士、翰林院学士、武英殿大学士兼刑部尚书、礼部尚书、东阁大学士兼吏部尚书等。曾四任会试考官，并任修撰《圣训》《平定朔漠方略》《实录》《方略》《明史》的总裁官。

④ 出自《中庸》。

⑤ 乌乎：怎样，怎么。

后　序

余既序张武承先生《王学质疑》，方谋付梓，以公同好，而先生已于乙丑十一月捐馆舍[①]矣。因略述其生平附于书末，使学者诵其书、知其人，盖非无所本而能为是书者。

先生讳烈，其先浙江金华府东阳县人。嘉靖时，先生之曾祖始自浙迁居大兴。康熙丙午，先生以易中顺天举人，庚戌登进士。己未举博学宏词，授翰林院编修，充纂修明史官。乙丑六月，升右春坊右赞善。自为诸生以至立朝，始终以清白自励，不屑世俗荣利，纯如也。其学以程、朱为宗，深疾阳儒阴释之徒，以闲邪卫道为己任。晚尤嗜《小学》[②]《近思录》。故是书所发明，皆从平生学问中流出，非苟而已也。先生又尝论：《道学传》惟《宋史》宜有之。周、程、绍，先圣之遗绪；朱子，集诸儒之大成。以道学立传，宜也。余则笃学如蔡西山父子、高明如陆子静兄弟、纯粹有用如真西山，仅可列之儒林。元儒亦不立《道学传》。若有明一代，纯正如曹月川、薛文清，不能过真许。而光芒横肆如阳明者，列之道学，恐后世以史臣为无识。其修《明史》，分纂孝、武两朝，如刘健、李东阳、王守仁、秦竑、李成、梁金铉、史可法诸传，皆先生手笔。尝曰："吾此数传，是非不爽铢两。"其论孝宗，谓明知阉宦之坏法而不能远，成阴胜之渐，是知不至、意不诚之故也。其论李东阳，谓李公文章之士，与刘、谢同朝则著侃直之风，与芳、瑾为伍尽露委蛇之态。

---

① 捐馆舍：死亡的婉辞。

② 《小学》：朱熹所编教学童子的教材。

而声华素著奖借后进，故竞为之掩饰，谓“东阳若去，搢绅之祸不知所底”，此欺世之论也。五年之中，冤死者不可胜数，搢绅之祸亦已至矣。李公拱手而不敢异，偶申救一二人，遂诧以为善类。赖之，则张彩救吴廷举、刘宇救王时中，亦得为保全善类耶？又云杨文襄功名之士也，以为将之智，用之为相，晚年欲以其术笼络张桂，而卒为所败，赍恨以没，智巧之不可恃。如此议论，皆卓然不可磨灭，而此书则其纲领也。

陇其识

传

张烈，字武承，大兴人，性至孝，事继母委曲承顺，人无闲言。生平潜心理学，毅然以闲邪卫道为己任，所著述皆有关人心世道之言。康熙九年，成进士，授内阁中书。十八年，试博学鸿词科，迁翰林院编修，转春坊赞善，修《明史》《典训》及《四书讲义》诸书。恪勤厥职，编辑精当。年六十四卒，祀乡贤。

《大清一统志》[1]

① 《大清一统志》：清朝官修地理总志。从清康熙二十五年（1686）至道光二十二年（1842），前后编辑过3部，即《［康熙］大清一统志》《［乾隆］大清一统志》《［嘉庆］重修一统志》。

卷一　心即理也

问："朱子以为'事事物物皆有定理'，似与先生之说相戾。"先生曰："于事事物物上求定理，是义外也。至善是心之本体，只是'明明德'到'至精至一'处便是。然亦未尝离事物。"

又曰："心即理也。天下有心外之事，心外之理乎？"①

愚按："'事事物物皆有定理'，所谓有物必有则也。如阳明说，宜云'有心有则'，岂诗人孔子亦义外欤？天下无心外之事，故求诸事，正所以尽此心；无心外之理，故求诸理，正所以尽此心。今直求诸心而欲事理之无不尽，虽大贤不能也。心能知觉，发于欲为人心，发于理为道心，故贵乎择之精焉、守之一焉，未闻心之即理也。程子曰'性即理

① 《王阳明全集·传习录上》，上海古籍出版社，2018，第2页。以下版本同。

也’[①]是矣。理义悦我心，犹刍豢[②]悦我口。若曰‘心即理’，是口即刍豢也，目即色也，耳即声也。”

又曰：“事父非于父上求个孝的理，事君非于君上求个忠的理，都只在此心。此心无私欲之蔽，即是天理。以此纯乎天理之心，发之事父便是孝，发之事君便是忠，发之交友治民便是信与仁。只在此心去人欲、存天理上用功。”

噫！此心何以遽无私欲之蔽，何以遽能纯乎天理？欲人去欲，而不许即事即物以辨验所谓欲者；欲人存理，而不许即事即物以研究所谓理者。第曰[③]去人欲而已，存天理而已。愚知其难也。孝之理不在父，忠之理不在君，然惟吾生必有父，而后此心知孝；吾生必有君，而后此心知忠。且惟其为父，故孝以事之，若他人则不得以孝施矣；惟其为君，故忠以事之，若他人则不得以忠名矣。所当忠、当孝者，在君父。而知忠、知孝者，即在吾心，此所谓无心外之事、无心外之理也。求之父，求之君，即所以求此心，所谓合内外之道也。今必曰求之心，不求之君父，则君父为外矣，又有心外之事、心外之理矣。夫子语仲弓，但曰出门宜如何，使民宜如何，不闻曰以此纯乎天理之心，发之出门即仁，发之使民即仁也。语樊迟，曰居处宜如何，执事宜如何，与人宜如何，不闻曰以此纯乎天理之心，发之居处即恭，发之执事即敬，发之与人即忠也。语颜渊，曰视听当如何，言动当如何，不闻曰以此纯乎天理之心，发之视听即无非礼，发之言动即无非

---

① 北宋程颐提出的著名命题。出自《二程遗书》卷二十二：“性即理也，所谓理，性是也。”

② 刍豢：指牛羊猪狗等牲畜，泛指肉类食品。

③ 第曰：只是说。

礼也。王子之言，何多现成而不切实也！且权能称物，度能量物，而物亦自有轻重长短之不可诬。使权之轻重与物之轻重不符，度之长短与物之长短不合，势必参互考验以正之，不得执权度而抑物以从我也。即心为理，而不即物以求理，恐不虚不公、自私自用之弊必不免矣。

郑朝朔问："至善亦有须从事物上求者？如事亲，如何为温凊[①]之节，如何为奉养之宜，须求是当，方是至善。"先生曰："若只是温凊之节、奉养之宜，可一日二日讲之而尽，何用学问思辨？惟于温凊时，也只要此心纯乎天理之极；奉养时，也只要此心纯乎天理之极。此则非学问思辨，不免于毫厘千里之谬。若只是那些仪节是当，即如今戏子扮得许多温凊奉养的仪节，亦可谓之至善矣。"[②]

温凊奉养，皆要此心纯乎天理，不然即为扮戏之温凊奉养，此语真切可警夫貌是而心非者。但此诚意之事，默然内省，同一温凊奉养，而此心诚否，迥然千里之别。此慎独所以为要也。若学问思辨，正讲明仪节、以求此心之安者。

又云："此心若纯乎天理，是个诚于孝亲的心，冬时自然思量父母的寒，便自要去求个温的道理；夏时自然思量父母的热，自要去求个凊的道理。"[③]

此言是矣！但因心之诚，自然知寒知热者，自诚而明也。

---

① 温凊：冬温夏凊的简称。冬天温被使暖，夏天扇席使凉，指侍奉父母之礼。凊，清凉，寒冷。

② 出自《王阳明全集·传习录上》第 3、4 页，但非与原文完全一致。

③ 出自《王阳明全集·传习录上》第 3 页。

圣人如是，恒人亦或有之，而不能皆然也。古人所留仪节，吾人懵然不知，粗鄙疏忽者何限？惟考求前言往行，一一触动我心，方始恻然而思孝者，自明而诚，学者事也。人固有茫然不知何为天理，而示以天理当为之事，亦欣欣有当于心者。天理无处不存，流行充满触处昭著。由诚心而生仪节者此理，由仪节而动诚心者亦此理。刺首血见，刺足而血亦见。无彼此、无内外者，道体本然也。故圣人教人下学，即物求理，多闻多见，自能渐达于本心者，百不失一。盖资质不同，虽不悟本心，为人矩度自在也。若先语以求心，未有不骄矜自大者。欲其虚心逊志，从事于学问思辨也，难矣。况其聪明足以拒谏，才气足以有为，方将震慑天下而奔走之，安望其能自反乎？若不善会[①]扮戏之喻，势必举礼仪、威仪三千三百尽等于戏场，三纲五常、礼乐刑政尽付之游戏。老庄以为糟粕，释家以为幻影，皆此见也。无惑乎阳明之教流至万历，举世化为佛老杂霸而不可救止也。

① 会：领会。

卷二 致知格物

问“格物”。先生曰：“格者，正也。正其不正，以归于正也。”①

又曰：“‘格’如‘格君心’之‘格’②，意念所在，即要去其不正以全其正，即无时无处不是存天理，即是穷理。天理即是‘明德’，存天理即是‘明明德’。”③

又曰：“知是心之本体，心自然会知。若良知之发，更无私意障碍，即所谓‘充其恻隐之心，而仁不可胜用矣’。然在常人不能无私意障碍，所以须用致知格物之功。胜私复理，即心之良知更无障碍，便是致其知。知致则意诚。”④

愚按：去不正以全其正，仍然诚意事也。以存天理为穷理，使辨别未真，将以何者为天理？所存皆私意耳。用好银者，诚也；识银色者，知也。顾银色之参杂诡异，日新月巧，

① 出自《王阳明全集·传习录上》第28页。

② 《王阳明全集》原文为“格物”如《孟子》“大人格君心”之“格”。

③ 出自《王阳明全集·传习录上》第7页。

④ 同上。

非一一辨验、积累功深不能识也。若者行于何所？若者造以何术？验之以何据？试之以何方？吾曰九二，断不得移之九三；吾曰九八，断不能移之九九。穷至此理，如此方为识银色，方得好银用矣。今曰“吾目本明，致明于银，去其障明者以全其明，即所用皆好银矣”，不几为戏语乎？治病者诚也，识病原者知也。顾证候之变，脉理之微，千状万态。古今方书之异同，药性制炼之得失，手不胜书，口不胜述，非一一辨验、积累功深不能识也。若者可治，必无死法；若者不可治，必无生理。方书某某可用，虽扁鹊莫能移；药性某某得宜，虽神农不能易。穷至此理，如此方为知病，方能治病矣。今曰：“吾视自能见病，致见于病，去碍见者以全其见，即能治病矣。”不又为呓语乎？夫即银色，穷银色，所以去障也；即方药，穷方药，所以去碍也。不务出此，徒曰去其障明者，终不识一银矣；徒曰去其碍见者，终不识一药矣；徒曰去不正以归于正，而不令其即物穷理，究其如何为正、如何为不正，如何为欲、如何为理，则有肆意妄行，傲然自以为正、自以为理，究为无忌惮而已矣。

曰仁，云：“心犹镜也。圣人心如明镜，常人心如昏镜。近世格物之说，如以镜照物，照上用功，不知镜尚昏在，何能照？先生之格物，如磨镜而使之明，磨上用功，明了后亦未尝废照。”①

此语亦只可隔壁听也。夫即事即物，磨砻研辨，正在磨上用功也。以为用功于照，不亦诬乎？

问：“知至然后可以意诚。今天理人欲，知之未尽，如

---

① 出自《王阳明全集·传习录上》第23页。

何用克己工夫？”先生曰：“人若真实切己，用功不已，则于此心天理之精微日见一日，私欲之微细亦日见一日。若不用克己工夫，终日只是说话而已，天理终不自见，私欲亦终不自见。如人走路，走得一段，方说得一段；走到歧路处，有疑便问，问了又走，方能渐到欲到之处。今人于已知之天理不肯存，已知之人欲不肯去，且只管愁不能尽知。只管闲讲，何益之有？且待克得无私可克，方愁不能尽知亦未迟。”[①]

此善问也，已无辞可答，则曰：真实用功，天理人欲自日见一日。不知所谓用功者，将不辨何者为理、何者为欲，贸贸以存之去之乎？夫先辨明理欲，而后能存理去欲，此一说也；用功存理去欲，而理欲之见愈真，此亦一说也。所谓行路须问，问后复行，二者不容偏废也。举一而废一，则诐辞[②]矣。歧路必疑，有疑必问，非即物穷理乎？其曰“已知之天理不能存，已知之人欲不能去，且愁不能尽知”，此病诚有之。但已知者有限，未知者无穷。将独用功于已知，而未知者任之乎？必至未知之理不以为理，未知之欲不以为欲，肆意妄行，拒谏饰非之弊，自此起矣。且不即物穷理，辨别邪正，何以无私可克？既已无私可克，何又愁不尽也？无乃强词夺理，御人以口给欤？

问：“专涵养而不讲求，将认欲作理如之何？”先生曰：“人须知学。讲求亦是涵养，不讲求只是涵养之志不切。学是学存天理、体认天理，只要自心地无私意。”曰：“正恐这些私意认不真。”曰：“总是志未切。志切，目视耳听皆在此，安有认不真的道理？‘是非之心，人皆有之’，不假讲求。

① 出自《王阳明全集·传习录上》第23、24页。

② 诐辞：偏邪不正的言论。

讲求亦只是体当自心，所见不成去，心外别有个见。”①

此亦善问也。乃一则应之曰“涵养之志未切”，再则曰“志未切”。夫志切，即欲诚其意之欲，非格物又在立志也。耳能听，目能视，然耳所未闻、目所未见者多矣，闻之不确、见之不精者亦多矣。乃曰“耳听目视皆在此，安有认不真之理”，愚不敢信也。是非之心，有自然而见者，亦有颠倒不见者，依稀略见者。非即事研求、大费磨砻不可。第曰“是非之心，人皆有之”，不假外求，愚不敢信也。体求本心固为切要，亦有自心所见偏枯，必证诸师友、考诸书籍而后悟者。乃曰“讲求，只是体当自心所见”，将必坚执己见，深拒人言。如所云“己心所非，虽孔子之言亦不以为是也”。贻弊甚矣！

又曰：“《大学》工夫即是明明德，明明德只是个诚意，诚意工夫只是个格物致知。以诚意为主，去用格物工夫，即工夫始有着落。如新本先去穷格事物之理，即茫茫荡荡，都无着落处，须用添个敬字方牵扯向身心上来。然终是没根原。若须用添个敬字，缘何孔门倒将一个最紧要的字落了，直待千余年后要人来补出？以诚意为主，即不须添敬字。”②

致知格物，原为诚意而设。今谓“穷格事物”为“茫茫荡荡”，可谓诬矣。“以诚意为主，即不须添敬字”，不知朱子之学正以诚意为主者也。其言敬者，历圣相传之心法，圣学所以成始而成终，故特举以补小学之阙也。人之孜孜

① 出自《王阳明全集·传习录上》第30页。

② 出自《王阳明全集·传习录上》第44页。

“格致诚正”，以至“修齐治平”[①]，无一之敢苟者，皆敬也。经虽不言敬，而敬固在其中矣。汤[②]顾諟[③]文敬，止谓在格物外添出耶。孔子曰“修己以敬”[④]，将“敬”之一字包“格致诚正”有之耶。抑孔子于“格致诚正”外添出“敬”字耶？《中庸》不言格物，乃言“戒惧慎独”[⑤]。“戒惧慎独”亦敬也，岂子思忘师说又加添出耶？总之“敬”之一字，乃立心之主，包管全学。经书中于格致诚正或各就一事而言，即不必言敬；或约举全体而言，则言敬。而格致诚正已寓其中，何有于添出尧之钦舜、禹之克艰兢业、汤之圣敬、文之翼翼、武之敬胜、周公之无逸？从上诸圣未有外也。“敬”字者，数千年来言之，不啻谆谆，而谓后人添出，不亦冤乎？夫强词夺理、作时文小题者，用此伎俩以翻案，见奇则有之矣，用以讲学可欤？

诚意者，真为善实去恶也。善恶两端，谁不知之？但知之不精、不尽耳。夫不精则误执，不尽则漏遗，何从而为之去之？欲知之精尽，必随所遇事物，究其真是真非。其间有

① 这是儒家经典《大学》中的八目，格致诚正是内修，修齐治平是外修，是一组循序渐进的修养过程。《大学》曰：“古之欲明明德于天下者，先治其国；欲治其国者，先齐其家；欲齐其家者，先修其身；欲修其身者，先正其心；欲正其心者，先诚其意；欲诚其意者，先致其知；致知在格物。”

② 汤：指成汤。

③ 顾諟：出自《尚书·太甲上》：“先王顾諟天之明命，以承上下神祇。”孔传：“顾谓常目在之，諟，是也。言敬奉天命，承顺天地。”孔颖达疏：“《说文》云：顾，还视也。諟与是，古今之字异，故变文为是也。言先王每有所行，必还回视是天之明命。”后以“顾諟”指敬奉、禀顺天命。

④ 出自《论语·宪问》。子路问君子，子曰：“修己以敬。”曰：“如斯而已乎？”曰：“修己以安人。”曰：“如斯而已乎？”曰：“修己以安百姓。修己以安百姓，尧舜其犹病诸！”

⑤ 出自《中庸》：“是故君子戒慎乎其所不睹，恐惧乎其所不闻。莫见（现）乎隐，莫显乎微，故君子慎其独也。”

一见即了者，有见及一二者，亦有所见全非者。必考诸诗书，质诸师友，体诸身心，于人情物理究至确然不可移易之地。其为是耶，自为之必勇；其为非耶，自去之必决。故意可得而诚也，是即物穷理，正欲审其真是真非，以勇为而决去之也。当下即可用力，见在不属空想，何其至紧至切。而以为茫茫荡荡，是以朱子为舍弃身心，徒骛闻见，如世之以博洽为功者也。夫博洽为功，朱子明斥其为“俗儒”，“功倍于小学而无用”[①]矣。而以是诬朱子乎？夫即物穷理，然后诚于为善。彼见之不真、为之不笃者，不即物穷理之病也。今以为不然，而以去私存理为格物，不知所谓私与理者何从而辨别之，是无头学问也。是以有先行后知之说。

又曰：“‘即物穷理’亦是玩物丧志。”[②]

即物穷理，所以诚意也。以为玩物丧志，肆口诋诬至此。

又曰：“鄙人所谓致知格物者，致吾心之良知于事事物物也。吾心之良知，即所谓天理也。致吾心良知之天理于事事物物，则事事皆得其理矣。致吾心之良知者，致知也。事事物物皆得其理者，格物也。”[③]

如此，是致知于物则物格也，不惟虚笼浮沈无用力实地，而于文义亦难通。

又曰：“以‘至’字为义，必曰‘穷至事物之理’，而

① 出自朱熹《大学章句序》。
② 出自《王阳明全集·传习录中》第50页。
③ 出自《王阳明全集·传习录中》第51页。

后其说始通。是其用功之要全在一‘穷’字，用功[1]之地全在一‘理’字也。若上去一‘穷’，下去一‘理’字，直曰‘致知在至物’，其可通乎？”[2]

若此，则凡经书文句，上去一字，下去一字，皆不成语矣。是儿童戏论也。

① 功：《王阳明全集》中为“力”字。

② 出自《王阳明全集·传习录中》第54页。

卷三　知行合一

先生曰："人必有欲食之心然后知食。欲食之心即意，意即行之始矣。食味之美恶必待入口而后知，岂有不待入口而已先知食味之美恶耶？有欲行之心，然后知路。欲行之心即意，意即行之始矣。路歧之险易必待身亲履历而后知，岂有不待亲历而已先知路歧之险易[①]耶？[②]

愚按：此义皆有两端，必先审明义理，然后可措之行。先知后行，此正说也。然所明之义理，必躬行阅历，后愈觉其真。先行后知，亦一说也。必执后一说废前一说，则偏诐不通，费词多辨。虽新奇可喜，而于实学远矣。欲食即知食也，以欲为行，可乎？以欲为行，则凡事第欲之而已，何必实事？且食味美恶，入口后知固也。若不先辨明若者养人、若者害人，一一待入口而后知，若神农尝百草，然则一日而

① 易：《王阳明全集》为"夷"。

② 出自《王阳明全集·传习录中》第47页。

遇数十毒，身之死已久矣。赤子匍匐，遇虫亦食，遇秽亦食，将亦以为是不学不虑之良知耶？保母指而示之，然后知其不可食。行之必先知，知之必需格物，明矣。路歧险易，亲历乃知，固已若不先考明程途几何、由某至某用舟、由某至某用马，伥伥前行，待亲历而后知，则适燕而南其辕，适齐而西其辙。临时始知用舟也而舟不具，及途始知用马也而马不得，陷荆棘，没泥淖，至是而后知，知之已无及矣。愚谓其偏诐不通者，此也。而先生逞其纵横之笔，一往盖人，使人不敢置辨。然徐而按之，皆非实理也。千疮百罅若此类者，不待一一申辨矣。

又曰："知之真切笃实，即是行；行之明觉精察处，即是知。"①

若是，则止曰"行"可矣，或止曰"知"可矣。古人何兼设此二字乎？兼设二字，必确是两事，不可紊淆，此《易》之对待也。惟其为两，必自相生，此《易》之流行也。今单执其相生者，深斥其两立者，巧为之说，曰知之笃实即行，行之精察即知，此尖新②讲章、小巧时文耳。尖新小巧，由人心之浇薄，以是讲学可乎？

象山、阳明言理，皆恶分而喜合，不知先生之合，合其分者也，言合则分在其前矣。使其不分，先生亦无可合也。今执其合、讳其分，则天地一物也，日月一明也，男女一身也，君臣一位也，父子一名也，可乎？夫是数者，感应未尝不合，体统未尝不分。不分，无由合也。好浑同，恶分析，深斥即物穷理，恐其太分明，无以为容私之地也。是必糊涂

---

① 出自《王阳明全集·传习录中》第47页。

② 尖新：新颖别致。

混杂，为害不可胜言矣。故立言偏诐，取快一时，遂淫邪离遁，生心害政而不可止。学术杀天下先生，其自言欤？

又曰："问即学也，即行也""思即行也""辨即行也""非谓学、问、思辨之后而始措之于行也。"[①]

若是，则《中庸》列此五句，亦支离多事矣。又谓"择善"即"固执"工夫，"惟精"即"惟一"工夫，"博文"即"约礼"工夫，诸若此类，古圣人皆成赘语矣。不若王子，言言句句止提"致良知"也。止提"致良知"，则以此三字驱使经书，皆在包罗统括之内，真所谓"六经皆我注脚"[②]，何止朱子格物九条[③]乎？但未免为尖新时文之祖，率天下为无忌惮耳。

有不善，未尝不知，知之未尝复行，知行先后也。知之

① 出自《王阳明全集·传习录中》第51页。

② 陆九渊语。出自《陆九渊集》卷三十四《语录上》："千古圣贤只是去人病，如何增损得道。道理只是眼前道理，虽见到圣贤田地，亦只是眼前道理。学苟知本，六经皆我注脚。"

③ 《传习录·答罗整庵少宰书》里针对罗整庵的来信质疑，王阳明回复："凡事之所谓'格物'，其于朱子'九条'之说，皆包罗统括于其中；但为之有要，作用不同，正所谓毫厘之差耳。无毫厘之差，而千里之缪，实起于此，不可不辨。"王阳明认为自己的立场将"朱子九条"都包括在内，所谓"朱子九条"，条条皆是格物穷理的做法，也正是面对外在事物的求知做法。王阳明并不认为其说有误，也不认为自己的说法没有包括这些要点，因此否认自己有遗外之病。但是，王阳明仍然认为自己的做法与朱熹有所不同，而这个差异就在于他更重内心的一面。朱子九条：一、或读书讲道义，或论古今人物而别其是非，或应接事物而处其当。今日格物，明日又格一物。二、自一身之中，以至万物之理，多多理会。三、非穷尽天下之理，亦非止穷得一理，但须多积累。四、于一事上穷尽，可以类推。一事上穷不得，且别穷一事，或先其易，或先其难，各随人深浅。五、物必有理，皆所当穷。六、如欲为孝，当知所以为孝之道。七、物我一理，才明彼，即晓此。一草一木皆有理，不可不察。八、知至善之所在。九、察之于身。此九条皆言格物致知所当用力之地与其次第工夫。详见《大学或问》。

匪艰，行之维艰，既知又须行也。故谓知行为二，晓然易见，而实是也。谓知即行、行即知，费分疏费笔舌，而实非也。谓臧三耳者，几令人三耳矣？[①] 究竟非也。正此类也。

① 典出《资治通鉴·周纪三》，名家代表人物公孙龙与孔子七代孙孔穿，在平原君的组织下，围绕“奴婢有三只耳朵”的论题进行了一场辩论，史称“论臧三耳”。

卷四　杂论

与人论学书[1]

按：来书谓“节目事[2]变”之详……必须讨论是非，以为制事之本，然后心体无蔽是也。阳明谓“节目事变惟于吾心良知一念之微察之”亦是也。但一念之微，天理人欲岂无误认？非读书讨论而徒自为精察，未有不偏蔽者。故曰：“思而不学则殆。”

事事物物讨论穷究，谓皆以察吾心一念之微，可也。谓只察吾心一念之微，不必即物讨究，则非也。其意以“即物穷理”为训诂，为记诵词章云尔。

来书又云：“杨、墨之为仁义，乡愿之乱忠信，尧、舜、子之之禅让，汤、武、楚项之放伐，周公、莽操之摄辅，漫无印证，又焉适从？”又谓：“礼乐名物，未尝考识，倘国家兴明堂，建辟雍，制历律，何以致用”。其言皆是也。惟

① 此节所选，皆出自《王阳明全集·传习录中》之《答顾东桥书》第55-60页。
② 事：《王阳明全集》为“时”。

连及草封禅，未免失于检点。阳明遂借此深诋之。世俗角口争胜者，往往摘人一字一句之错，肆意丑诋以为快。先生毋乃①类是耶？我辈后学更宜深省。

先生谓“尧、舜茅茨土阶，明堂未备，不害其为治；幽、厉之明堂，犹文、武之旧，无救于其乱”，又谓“学以明人伦，非以璧不璧②、泮不泮为重轻”，可谓快论矣，然未免于偏也。执此，则古今制度皆可不考，任其鄙谬荒怪皆可托辞曰“我但以不忍之心行不忍之政而已”。率天下以荒经蔑古、敢于荡灭先王之遗迹者，非此言启之欤。告朔饩羊，孔子惜之。如王子之论，则当云：“存此羊无救于乱，去此羊无害于治，但致良知可矣。”

先生谓：制礼作乐必“声为律”“身为度”，然后可。若器数之末，乐工、祝史之事，君子所不贵。羲和历数，曲智小慧之人皆能之。尧之历象，重在“敬授人时”；舜之“璇玑玉衡”，重在“齐七政”。似矣！夫古人礼乐制度，阙遗几尽。间有一二存者，对之犹足生人敬重之心。诸儒搜讨而裒③集之，虽阙略不全，犹可识古人用意之精、先王立法之善。盖古人之精意，即我意也；古人之良法，即我法也。所谓此心此理古今无间也。今必一切麾弃，不知所云。不忍人之政者，从何措施而舍？推步占候，何以授人时？舍玑衡历象，徒手而齐七政，可不可也？今择一最高名目，曰“我惟具中和之德而已，声为律、身为度而已”，视讲求搜辑者皆玩物丧志，增霸者之藩篱。执此高说，真足以畅纵横之论，箝诸儒之口，而甚便于荒疏杜撰。不学无术之徒别古制以绳之，则曰：“此粗迹耳！吾自有良知可信也。”称先儒以正之，

① 毋乃：莫非，岂非。

② 璧：《王阳明全集》为“辟”。参见《王阳明全集·传习录中》第59页。

③ 裒：聚。

则曰："此训诂耳！吾自有良知可证也。"借此以师心自用，借此以畔道离经，借此以破灭礼乐名物，凭陵睥睨，莫敢谁何。而后奸私凶狠得以恣肆，而不顾，呜呼。秦政李斯之灭古，劫之以严刑；近儒之灭道，劫之以高论。何祸之酷也！

"拔本塞源"之论[①]甚美，然亦骤观足以摄人耳，徐而按之乃仪秦气习。鸱张凌厉，徒见其气象之虚浮傲诞而已。且所斥者词章记诵，于格物穷理之学无与也。谓记诵之广，适以长其傲也；知识之多，适以行其恶也；闻见之博，适以肆其辨也；词章之富，适以饰其伪也。不知此四病，惟谈良知者，尤甚鸱张凌厉之际乌暇返而自省乎！

《答周道通书》

曰："自家痛痒，自家须会知得，自家须会搔摩得，既自知得痛痒，须不能不搔摩得。佛家谓之'方便法门'，须自家调停斟酌，他人总难与力。"[②]

按：此明明引佛矣。

又曰："'先认圣人气象'，昔人尝有是言，然亦欠有头脑。圣人气象自是圣人的，我从何处识认？"[③]

在圣人者，即其在我者。分圣人与我而二之，不知观圣人气象即我心之虚明自生，非有二也。

---

① 参见《王阳明全集 · 传习录中》："夫拔本塞源之论不明于天下，则天下之学圣人者，将日繁日难，斯人沦于禽兽、夷狄，而犹自以为圣人之学。吾之说虽或暂明于一时，终将冻解于西而冰坚于东，雾释于前而云滃于后，呶呶焉危困以死，而卒无救于天下之分毫也已。"

② 本节选自《王阳明全集 · 传习录中》第 65-66 页。全集为《启问道通书》。

③ 出自《王阳明全集 · 传习录中》第 66 页。

又曰："认自己良知明白，即圣人气象不在圣人而在我。"①

语似直截，然大有病。圣人气象宽平和厚，由从容涵养，久而得之。自认良知者，一时虚浮之见耳。遂冒谓"圣人气象在我"，愈资其无忌惮矣。

《答陆原静书》②

首条言"妄心""照心""恒动""恒静"等语③，此皆竞求心之病也。古之正心者无此说，惟审求义理，精为善，实去恶而已。孔门正予人以"恭""宽""信""敏""言讱""事贤"等法，不必直求心，心将自正。竞求心，则愈解愈支，愈执持愈乖谬，不胜其病。

又曰："良知，一也。以其妙用谓之神，以其流行谓之气，以其凝聚谓之精。""真阴之精，即真阳之气之母；真阳之气，即真阴之精之父。""良知之说明，此类皆可不言而喻。不然，则如来书所言'三关、七返、九还'之属，尚有无穷可疑者也。"④

此又将良知牵入仙家矣！不知《论》《孟》中，有此议论否？孟子始言"良知"，亦言"良知即精气神"否？师弟讲求如此，于明伦修道何与？于五经四书何与？阳明得力原本二氏，显证如此。当日只宜专学二氏，不必窜入圣门，转换涂抹，致使儒不成儒、释不成释，惑人无已也。

---

① 出自《王阳明全集·传习录中》第66页。

② 出自《王阳明全集·传习录中》第69-76页。

③ 出自《王阳明全集·传习录中》第69页。

④ 出自《王阳明全集·传习录中》第70页。

又曰："'不思善不思恶时认本来面目'，此佛氏为未识本来面目者设此方便。'本来面目'即吾圣门所谓'良知'。今既认得良知，即不消如此说矣。'随物而格'是'致知'之方，即佛氏之'常惺惺'，亦是常存他本来面目耳。但佛氏有个自私自利之心，所以便有不同。"[①]

此又明明供出从佛来矣！末乃避讳一语曰："但佛有自私自利之心，所以不同。"后又云："佛氏之学亦未必将迎意必如此也。"[②]又曰："一念良知，无始无终，即是前念不灭，后念不生。今欲前念易灭，后念不生，是佛氏所谓断灭种性。"先生前既为己回护，后又为佛回护，展转闪烁，欲盖弥彰，毋乃遁辞之穷欤？今且问"不灭""不生"等语，《论》《孟》中有此否？传注中有此否？

《答罗整庵少宰书》

此书甚美，而狂悖尤甚。盖当时诸儒，无如整庵笃实者，规切直中阳明之病。故阳明迫急而为此书。

"执事所致疑于格物之说者，必谓其是内而非外也；必谓其专事于反观内省，而遗弃讲习讨论之功也；必谓其一意于纲领本原之约，而脱略于支条节目之详也；必谓其沉溺于枯槁虚寂之偏，而不尽于物理人事之变也。审如是，岂但获罪于圣门，获罪于朱子，是邪说诬民，叛道乱正，人得而诛之也。"[③]

---

① 出自《王阳明全集·传习录中》第75页。

② 出自《王阳明全集·传习录中》第76页，后文同。

③ 出自《王阳明全集·传习录中》第87页。

呜呼！“获罪圣门”“获罪朱子”“邪说诬民”“叛道乱正”，先生果如所云矣。虽尽力分疏，拒人之攻己，不知实蹈其罪，无由免也。

又曰：“某之所谓格物者，于朱子‘九条’之说，皆包罗统括于其中。但为之有要，作用不同，毫厘而有千里之谬。”①

所云“为之有要”者，以诚意为主耳。朱子正以诚意为主者。王子特欲畅其所得于佛老，假借圣门名目，破裂文理以强伸其说耳。自大慧以改头换面教张子韶，直至阳明而其术大展，此何等肺肠而可以言学耶？

又曰：“杨墨之说亦岂灭理乱常之甚”，而其流之弊，孟子比于洪水猛兽②，所谓‘以学术杀天下’也。”又曰：“孟子之时，天下尊信杨墨，当不下于今日之崇尚朱说，而孟子独以一人呶奴于其间。”③

呜呼，是何言欤！隆万之末，士子以詈④朱注相高实，自此始可谓丧心病狂矣。其始末至灭理乱常之甚，而学术杀人比于洪水猛兽，此数言者，皆先生自道也。朱子之道如日月五行，经天常在，虽遭晦蚀而不坠也。阳明屡屡比之告子，比之杨墨，毁訾不遗余力，其人可知，其学可知。乃引孟子自况，何傲诞无忌之甚也！盖因整庵规之太切，故反为大言

---

① 出自《王阳明全集·传习录中》第 87 页。

② 洪水猛兽：《王阳明全集》原文为“禽兽夷狄”。

③ 出自《王阳明全集·传习录中》第 87–88 页。

④ 詈：本意指骂人，也指从旁编造对方的缺点或罪状责骂。

以相盖邪，离穷遁居之不疑耳。此何等肺肠而可以言学耶？

又曰："今世学术之弊，其谓之学仁而过者乎？谓之学义而过者乎？抑谓之学不仁不义而过者乎？吾不知其于洪水猛兽何如也！"①

又曰："众方嘻嘻之中，而独出涕沱若，举世恬然以趋，而独疾首蹙额以为忧，此非病狂丧心，殆必诚有大苦者隐于其中，而非天下之至仁，其孰能察之？"②

呜呼！先生痛当时学术之弊乃至此极耶。今观弘正之时，人心淳朴，贤良众多。天下守朱子之教，绳趋矩步。虽不能如先生之高妙，至于放言高论、肆为变乱者，无有未见。所为洪水猛兽也，由其道而不变，人心之幸，民生无穷之福也。先生乃忧苦之深，至于"出涕沱若""疾首蹙额"而不容已耶。又以为狂奔尽力以救陷溺，不顾人之非笑，出于天地万物一体之诚耶，其信然耶？抑果病狂丧心，舍平常居处之安，必凿奇出险，以簧鼓天下而败乱其心术耶？夫学术杀人之祸，至万历末年之士习而大验矣。先生贻祸如此之酷，而反于不必出涕者出涕，于无可蹙额者而蹙额耶。先生其以欺人耶，其为胜心所使，不自觉其言之悖耶。噫！真可哀矣。

---

① 出自《王阳明全集·传习录中》第87页。

② 出自《王阳明全集·传习录中》第88页。

卷五 总论

象山言“本心”，阳明言“良知”，其弊使人丧本心、丧良知，何也？天之道，非别有一物寄于声臭之上。时行物生，即所谓“无声无臭，上天之载”[①]也。人之心，非别有一物，在窈窈冥冥之中，视、听、言、动皆心所在也。善治心者，治视听言动即治心也，治伦物政事即治心也。视听言动、伦物政事之间讲明一分，则心之本明者复一分矣。力行一分，则心之本善者复一分矣。积之久而悟，其皆心也。天命流行之妙，一以贯之无余。即使不悟，要其讲求持守于视听言动、伦物政事之间者，固有规矩可循。心之本明、本善者，自在也。天下由此惧礼法而尚淳朴，畏清议而多善人，

① 出自《诗经·大雅·文王》：“上天之载，无声无臭。”这是一首歌颂周文王之诗。载，事也，指化育万物之事。臭，气味。无声无臭比喻没有名声，不被人知道。全句指上天生育天地，长养万物，一无声音，二无气味，却能主宰天地，包容一切，运用一切。

此圣学所以平稳纯正、万万无弊者也。尧舜十六字[①]而外不复言心，但与其臣惇典庸礼[②]，命德讨罪[③]，教稼明伦[④]，恤刑熙绩[⑤]，即无非精一，不必人人与之言心也。成汤若有恒性，而外不复言性，但惟用人惟己，改过不吝[⑥]，显忠遂良，取乱侮亡[⑦]，即无非建中，不必人人与之言性也。夫子立教，惟是与子言孝、与臣言忠，宽信敏公，知人爱人，闻见择识，礼乐诗书，即此人言此人，即此事言此事，不必人人与之言一贯也。惟朱子善学孔子，循循畏谨，一字必求其安，一事必审其极，“奉先圣之格言，佩前贤之遗矩”，俯焉日有孜孜，死而后已者，此圣门家法也。学者沿是而谨守之，即使不皆进于高妙，要其恪遵往训、宁慎毋疏，敢于逞聪明、恣议论、蔑经侮圣者，无有矣。畏名教，惮公议，宁拘勿肆，敢于挟才任诈、恣欲败检者，无有矣。此弘正以前，所以称治正学之为，功于天下生民也大矣。今诋学朱子者，曰“支离”也、“玩物”也、“义外”也。讲求制度名物者，谓增霸者之藩篱。而温凊定省之仪节，等于扮戏。以是垂则后学，

---

① 尧舜十六字：指“人心惟危，道心惟微，惟精惟一，允执厥中”，语见《尚书·大禹谟》。儒家认为，这是尧舜以来所传的圣人心法。朱熹说，尧当时无文字，道理只靠口耳相传。尧传给舜时，只说“允执厥中”，舜传给禹，就加上了那十二个字。以后又传给商汤、周文王、周武王，后又经过周公、孔子一脉相传下来。这是圣人治天下的大法，也是个人修心的要诀。

② 惇典庸礼：指敦厚而通常的法典和礼制。

③ 命德讨罪：任用有德之人，讨伐罪人。

④ 教稼明伦：教人懂得耕种，明了伦理道德标准。

⑤ 恤刑熙绩：用刑慎重不滥，弘扬功业。

⑥ 出自《尚书·仲虺之诰》：“用人惟己，改过不吝。”孔颖达疏：“用人之言，惟如己之所出；改悔过失，无所吝惜。”这是商王成汤的左相仲虺对成汤品德的赞美之辞。

⑦ 出自《尚书·仲虺之诰》：“佑贤辅德，显忠遂良，兼弱攻昧，取乱侮亡，推亡固存，邦乃其昌。”显忠遂良：表扬忠诚之士，举荐贤良之士。取乱侮亡：夺取政治荒乱的国家，侵侮将亡的国家。

其谁不曰：吾自有良知！六经任我驱使，读书训诂可鄙也，而穷凿武断、离经背道之讲说，显行于世矣，谁不曰：吾自有良知！制度仪节，傀儡具耳，而苟且佻薄、简略戏慢之行，众以为风雅圆融，无可无不可矣。谁不曰：吾自有良知！公议皆世俗之论，名教特形迹之粗也，甚至踪迹诡秘，举良知以自解曰：吾一念自信而已！乡评不许，举良知以自文曰：良知自信，乃贤者所为，与乡党自好者不侔[①]也。而贪色好货、争名角利之习，可肆行而无忌矣。故单提“本心”“良知”者，予人以假借掩饰之题，挟高欺人，足以陵蔑君子，开不肖者方便之路。而及其既为不肖也，并掩饰假借亦可不用。此必至之势也！当阳明之世，欲前知末流之弊，诚有所甚难。由今以观，万历启祯之士习，前弊彰彰较著矣。犹曰“朱、陆并行不悖也”，可谓知言乎？夫言“本心”言“良知”，以是救夫专事口耳、不治身心者，诚良药也！朱子固屡言之矣。若以是鄙弃一切，长傲恣胸，决隄防，破崖岸，蹈擎拳竖拂[②]，呵佛骂祖之余智，则圣门之罪人也。言“本心”言“良知”，使人读圣经贤传，字字触其本心，动其良知，巽顺抑畏[③]，以听命于孔、孟、程、朱，则圣人之徒也。若以是目空千古，动称颜子没而圣学亡，自处甚尊，而不过率天下为佛老功利。趋于沦胥[④]而不救，则天下之至愚，大惑而可怅可痛者也。言“本心”使人丧本心，言“良知”使人丧良知。必至之势，已然之征。宁曰过论乎！

---

① 侔：相等，齐。

② 竖拂：本谓高僧谈禅说理时竖起拂尘，用以难倒对方。出自《景德传灯录·齐安禅师》：“有讲来参，师问云：‘坐主，蕴何事业？’对云：‘讲《华严经》。’师云：‘有几种法界？’对云：‘广说则重重无尽，略说有四种法界。’师竖起拂子，云：‘遮个是第几种法界？’坐主沉吟，徐思其对。”

③ 巽顺：卑顺、顺从。抑畏：谦抑敬畏。

④ 沦胥：指相率牵连，泛指沦陷、沦丧。

总之，阳明天资雄放，其于循循讲习、循规蹈矩实所不耐，及一旦有得于佛老，与象山旨合，喜其与己便也，自私所好亦可矣。不宜以此讲学，独辟宗旨，举圣贤经书，直欲以此意强贯之，真谓"六经注我"①，随意驱驾何所不可，此诐淫之始也。及人多不服，则借《孟子》"良知"二字，犹嫌其仅出《孟子》，遂窜入《大学》"致知"。至于攻者益众，又见象山之学竟为朱子所掩，计以为势不两立，非抵死作敌尽灭朱子之道，则人犹以朱律我，故遂操戈反面，尽翻全案而后已。朱子如泰山乔岳，何可易摇？则以《大学》古本为据曰"我非背朱，失于信孔太过"也，巧言如此！格不训至，则以格其非心为据，曰致良知于事物，格其不正以复本体之正也，牵强附会又如此。至究其何以格其不正，则曰：去人欲，存天理也。诘其不即物穷理，恐认欲为理，则又曰：此志不真切也，夫以格物为去人欲存天理，是欲正心先诚意，欲诚意先致知。而欲致知，又在正心诚意矣。说其可通乎？况以认欲为理，如此大病，不急求所以磨砻辨析之方，而竟以立志不真为脱卸，真所谓"茫茫荡荡"，反以诬朱子乎？②人曰东则拗而之西，人曰西则拗而之东，澜翻泉涌，人人被其摄盖。而悦其文词者，尤俯首推服之。顾天下良知难泯，非之者不已也，则又以朱攻朱，著为《晚年定论》，实则以中为晚、以晚为中，与当日情事迥不相涉。锻炼舞文，诳词以欺天下人，不可欺则又曰年岁原未深考，乃委曲调停不得已之心。夫大道如日中天，是则是，非则非，乃亦调停委曲乎？即此一言，心术叵测，何止遁之又遁乎！夫妄称定论，是意不诚也；不深考事实，是物不格也。此之谓物不格，知不至，

① 出自陆九渊《语录》："或问先生：何不著书？对曰：六经注我！我注六经！"

② 《传习录》中王阳明以"茫茫荡荡"形容向外格物之功，如"如新本先去穷格事物之理，即茫茫荡荡，都无着落处"。（参见《王阳明全集·传习录上》第44页。）

故意不诚也。使其虚心逊志，从容详审，则无是弊矣。惟其占题大高，叛道已甚，骑虎不得下，不得不左支右吾，借笔舌以塞人一时之议，而前后矛盾、罅漏实多。既曰信孔子太过矣，又曰孔子之言亦不以为是也；既曰生平于朱子有罔极之恩矣，又曰天下宗朱如宗杨墨也。如狡狯健讼之人，逢人即攀，遇事便借，口无一定之舌，笔无不牵之义。以此为诪张[①]伎俩可矣，以此为战国纵横游说诡辩可矣，乃用此以讲学乎？然则王子之良知安在也！

① 诪张：作伪，欺骗。

附　录

武承先生既没之，明年予既刊其《王学质疑》，先生子升孙复寄《朱陆同异论》一篇、《史法质疑》一篇、《读史质疑》五篇，皆先生平日开示学者吃紧为人之言。其间有为王学发者，有不为王学发者，然总之与王学相反者也。予故并附于《王学质疑》之后，俾学者知先生之学，本领既正而所见高明，笃实如此。虽未睹其全书，亦可慨然兴起矣。

康熙丁卯孟冬

陇其又识

朱陆同异论

朱陆同异，非其互为异也，乃陆之异于朱耳。天下之道，不容有二。今观孔子语其弟子博文约礼，循循于矩度之内，未尝敢放言高论，启人以好异之端。则后之学孔子者，其必准诸此矣。秦汉以来，学者未睹其要。惟朱子之书广大精深、无所不备，而要归于平淡切实、雍容详至，不敢为新奇可喜之论。其躬行也，养于未发，省于方动，致谨于威仪，言动之间，以达于家国天下事物之变，一一务得其理。服官莅政莫不竭尽诚意，致于君而利其民。观其自赞曰："从容乎礼法之场，优游[①]乎仁义之府。是予盖有志焉[②]，而力莫能与也。佩先圣[③]之格言，奉前烈之遗[④]矩，惟暗然而日修，或庶几乎斯语。"[⑤]呜呼，何其言之似孔子也！下学上达，高至于圣神无难，而下不失为经明行修之士。天下之欲学孔子者，舍是无由矣。此非欲私一朱子，而道之在天下固如是而已矣。使必舍是而求，非无新奇径捷之说，使人易知而乐从，而其失也。猖狂自恣、侮圣蔑经，未再传而已不胜其弊，陆子是已。夫陆子直指人心，使人反而求之在己，似矣！然厌夫世儒之溺章句、忘本心者，而遂概举而屏除之，孤守一心

① 优游：朱熹原文是"沉潜"。

② 有志焉：朱熹原文为"将有意焉"。

③ 圣：朱熹原文为"师"。

④ 遗：朱熹原文为"余"。

⑤ 出自朱熹于绍熙元年（1190）所做的《书画像自警》。朱熹在63岁的时候，对着镜子给自己画了个像，并在像的右边题词，落款"绍熙元年孟春良日熹对镜写真以自警"。

自以为足。曰学者学此而已，问者问此而已，甚至以为“六经皆我注脚”①。呜呼，是何言也！求之孔门，未尝有是说也。孟子之言“心”，将拯人于功利嗜欲之中。而陆子之言“心”，将置人于好古敏求之上。故以子静②之高明，已不免于自许太高、自任太过，有张皇遽追之病况。其徒不及子静之天资，徒举师说而张大之，则浮游放荡仅与末禅之无忌惮者同归而已矣。曾何益哉？虽然宋元之世，天下方尊尚朱子，陆氏之学不行，故其害未著。而草庐吴氏，尚以陆学不显为憾。及乎明之中叶，陆学大行于天下矣。何则，明之阳明，即宋之象山也。阳明以前，学者守朱学甚严，言纯师，行纯法。贤者穷理居敬，务惇于本实。而庸常之流，亦毋或自越于彝矩。即闾巷父老，往往诵习《小学》③《性理》④《纲目》⑤诸书。当是时，风俗最为淳质，议论一于下，纪纲修于上，而天下

---

① 出自《陆九渊集》卷三十四《语录上》：“千古圣贤只是去人病，如何增损得道。道理只是眼前道理，虽见到圣贤田地，亦只是眼前道理。学苟知本，六经皆我注脚。”

② 子静：陆九渊，字子静。

③ 《小学》：朱熹所编教学童子的教材。

④ 《性理》：指《性理字训》，南宋程端蒙编撰。宋代理学家们十分注重理学教育的实施，为儿童编撰性理读物。朱熹早就写了训蒙诗百首，亦即性理绝句百首。其门人程端蒙写出《性理字训》，继而程若庸编撰《增广性理字训》，其主旨是使人们从幼时认识“天理”，崇奉孔孟程朱之道。在程若庸的《增广性理字训》中，对于许多抽象而深奥的道德范畴和理学基本概念，用简要通常的语句以及四言韵语进行训解，体现深入浅出之工，使儿童较易学习，培养基本的理性认识，为进一步深造奠定基础。

⑤ 《纲目》：《资治通鉴纲目》，朱熹及其学生赵师渊修撰，又称《紫阳纲目》，成书于宋孝宗乾道八年（1172）。这部书根据司马光的《资治通鉴》《通鉴目录》《通鉴举要历》和胡安国的《资治通鉴举要补遗》编成，删繁就简，补其所未备，更重要的是明“天道”，定“人道”，宣扬儒家正统论。“岁周于道上而天道明矣，统正于下而人道定矣。”（《资治版通鉴纲目凡例》）实质上就是将理学的观念贯穿在历史的褒贬之中，以维护封建纲常。

号为治平，则朱学之效也。及阳明出，而以致良知为说，窃《大学》《孟子》之言，以文其佛老之实。于宋则取象山，于明则取白沙，藉其杰爽之气、诡幻之智、俊伟之词，奋然而与朱子为难。盖世风渐下，人将生心，天下群不逞之徒，其不便于朱子之教而欲甘心于正人者，往往有之矣。特未敢有显言叛之者，自阳明操戈树帜，为天下祸首，于是魁桀黠猾之士相助为波涛，而庸愚下士尽从风而靡。五经四书悉更面目，纲常名教为之扫地矣。故一传而为王畿[①]，则直言二氏而不讳。再传而为李贽[②]，则尽诋古之圣贤，而取夫奸雄、淫暴者以为法。虽其人已伏辜，而天下相与扼腕而叹慕之。当是时，以姚江为圣人，诵佛老者为名士，掊击朱子者为高贤，诃诋传注者为俊杰，酗博狎谑者为风流。争自号于天下，曰："我学禅者也，学姚江者也。"既显遁于朱教为外，然后可以恣为浊邪而不愧。盖鄙俗之见不可以敌圣贤，惟持高说以驾之，则名教不足束我，即无所不为而不失为高士。阳明驰骋异论，欲使人人为圣人，而适以便天下之不肖。及夫礼义之教泽已尽，贪诈之习俗已成，日嚣竞于功利嗜欲之内，不惟朱子之说不足以入之，即象山之"本心"、阳明之"良知"亦视为浮尘土梗，邈乎其不相属矣。高谈妙悟，果何益乎？王弼[③]、何晏[④]罪浮桀纣，窃以为阳明之祸天下，即怀山

---

① 王畿（1498—1583）：明代思想家，字汝中，号龙溪，学者称龙溪先生。绍兴府山阴（今浙江绍兴）人。师事王守仁，为王门七派中"浙中派"创始人。

② 李贽（1527—1602）：明代官员、思想家、文学家，泰州学派的一代宗师。

③ 王弼（226—249）：字辅嗣，山阳高平（今山东省微山县）人。三国时期经学家、哲学家，魏晋玄学的代表人物及创始人之一。

④ 何晏（？—249）：字平叔，南阳郡宛县（今河南省南阳市宛城区）人。三国时期魏国大臣、玄学家，东汉大将军何进之孙（一称何进弟何苗之孙）。袁宏在《名士传》中将何晏等称为正始名士，联合夏侯玄、王弼等倡导玄学，竞事清谈，遂开一时风气，成为魏晋玄学的创始者之一。

襄陵[①]未足为喻。陆氏之学不行于宋而行于明，此其效然也。然则朱陆之辨，大是非、大利害存焉，又非独同异而已也。我朝黜浮[②]屏异曩[③]者，诪张为幻[④]之说，学者绝不经于耳，惜也！士无深志，不朱不陆，而习为浮华无用之空言，此其尚沿于明末之习，不自觉知者也。广厉学宫，振兴绝学，尊朱子为法，俾一返于淳实士心，其允正乎？是所赖于维皇之作极矣。

---

① 怀山襄陵：意思是大水包围山岳，漫过丘陵，形容水势很大或洪水泛滥。出自《尚书·尧典》。

② 黜浮：革除浮华。

③ 曩：以往，从前。

④ 诪张为幻：意思是以欺骗迷惑别人。出自《尚书·无逸》："民无或胥诪张为幻。"

史法质疑

某鄙儒不知史法，尝以愚见质之识者曰："史以纪实也。人而一事可传，则书其一事；一言可传，则书其一言。若名卿将相戡乱致治，经纬谟猷[①]必铨次而详志之，俾后人有所考法，此经世实用之书也，宁朴勿巧，宁实勿虚。夫文以浑朴为近古，巧妙为时调，况于史乎？"曰："否否！史以简为贵，举要删繁，安得事事而志之乎？不见人身之有脉络，画家之有主峰乎？"愚曰："旨哉斯言！请因而推绎之。身有五官四体而脉络具焉，脉络即在官体之中。舍官体而存脉络，脉络果安在欤？举五官之一而阙其四，举四体之一而阙其三。曰：'脉络如是足矣，是得为全人欤？'文之开合照应，宋以后始言之，遂流为格套而不免于俗。唐以前未尝有是名，要其比事属辞水至而渠成，乃所谓脉络也。画家求工于尺幅，经营结构，顾盼可观，相矜为能事。如使作三边图，某口某墩、某寨某堡，一一如其位置，安敢以意匠而颠倒删削之？作九州图，某省、某府、某州县、某卫所、某城、某驿，欲具知其险易远近、脉络所在，缺一区则绝一脉矣，又安敢略之？然为此图者，可以备有志经世者之考求，而无当于清斋之雅玩。此石田[②]、思白[③]所不肯为，亦不能为。而

① 谟猷：谋略。

② 石田：沈周（1427—1509），字启南，号石田、白石翁、玉田生、有竹居主人，明代绘画大师，吴门画派的创始人。

③ 思白：董其昌（1555—1636），字玄宰，号思白、香光居士，松江华亭（今上海市闵行区马桥）人，明代书画家，为华亭画派杰出代表。

欲求有关于实用，则固在此不在彼矣。今之为史，将为尺幅观欤？抑核实考信，为后世经世务者法欤？”曰：“此臆说也！于前史何据？”愚曰：“史迁之叙孔子也，必曰襄公某年，孔子若干岁；昭公某年，孔子若干岁；定公、哀公某年，又若干岁；适某国，遇某人，答何语，不厌详也。若举要求简，止当云孔子生知好学，周流列国，晚仕鲁为司寇而已。又如曹参[①]叙次战功甚详，若举要，则第载其清静画一而已。《唐书》如魏征、郭子仪、裴度、李德裕皆独为一卷，叙其生平历履献纳[②]，前后鳞次，有年月可考。而《陆贽传》载奏议累累，《旧唐书》一万三千言，《新唐书》亦万言，若厌多而削之，诸大贤君子毋乃减色欤？考古者止读《通鉴节要》数行足矣，何贵于全史而读之？”曰：“子后学之寡陋者也，史事所关甚重，毋妄言。即有所疑，姑私志之，以待长者教。”愚曰：“谨受命。”遂书之。

---

① 曹参（？—前190）：字敬伯，泗水郡沛县（今江苏省徐州市沛县）人。西汉开国功臣、军事家、政治家，汉朝第二位相国，史称“曹相国”。秦二世元年（前209），跟随刘邦于沛县起兵，身经百战，反秦灭楚，屡建战功。刘邦定都长安后，论功行赏，功居第二，赐爵平阳侯。出任齐国丞相，辅佐齐王刘肥。汉惠帝即位，继任萧何为相国，秉承“萧规曹随，休养生息”，为文景之治奠定了良好的基础。

② 献纳：指献忠言供采纳。

读史质疑一

孝宗令主①，众君子满朝。而灾异迭见，为阴胜之征。其故何也？曰：咎其在阉宦乎？阉宦之祸，极于王振、汪直。②以孝宗君臣之贤，改纪新政，仅不至如振、直而已。至于怙宠作威，剥民坏法，锢习已成，科道交章③，不能胜一蒋琮④，则时事可知矣。在《易》三阴三阳谓之否，夫三阳非不盛也，惟其内小人而外君子，则小人道长，君子道消，而势不可为。国家所依毗者，文武大臣。今内之司礼，操权重于部阁；外之守备，列衔先于公侯。以至仓粮市舶、货利所在，莫不以阉宦司之，文武若赘疣。然天下阴邪之毒，已深入于膏肓，而诸君子维持补救于肢体之外。故弘治之时，内小人外君子之时也。贤君相方，励精图治，而太子宫中八党已伏莽于其侧，一旦得志，则毒发而不可制矣。至刘瑾之世，而后谓之阴胜阳微，何见之晚也！若天意，则蚤已示之矣。曰：若是，则阉宦之势果不可制耶？曰：何为不可也！人主操威福以驭天下，意向所在，人争赴之。孝宗有意罢中官，而畏之太甚，此知之不至、意之不诚之患也。天下是非，

① 令主：贤德的君主。《左传·昭公十三年》："若见费人，寒者衣之，饥者食之，为之令主，而共其乏困，费来如归，南氏亡矣。"《新唐书·吐蕃传上》："帝召见问曰：'赞普孰与其祖贤？'对曰：'勇果善断不逮也，然勤以治国，下无敢欺，令主也。'"

② 明朝最有权势的四大宦官为刘瑾、魏忠贤、汪直、王振。王振是明英宗朱祁镇最宠信的太监，汪直是明宪宗时期权倾一时的大宦官。

③ 交章：指官员交互向皇帝上书奏事。

④ 蒋琮：大兴人，明孝宗时任南京守备。

不容并立。真知其非，则断然去之。真知其乱政，则断然诛之。采臣民之公论，修太祖之旧规，择其谨厚者置之左右，斥其阴贼者终身不齿，复扫除之役，绝与政之门，是在真知而独断之耳。今明知阉宦之坏法也，不曰业已处分矣，则曰姑已之。知其为恶臭而弗能远，知其为蛇蝎而不忍去，徘徊顾虑之间，吾计未决而小人之毒已发。故知不至、意不诚，人之大患也。

读史质疑二

刘、谢去，长沙留[①]，愚论其临事中变，君子小人两败俱伤，己独不失其富贵，可云善宦。右长沙者必谓刘、谢持之太激，不如遵旨遣之南京，此其说大误也。夫小人姑以一遣缓君子之攻，而君子亦欲姑以一遣散小人之党，此自愚之策也。使刘、谢允发遣之议，既而中止，不遣何以处之？遣且复召，又何以处之？至此时已受小人之饵，争之不可，忍之不可，求伸不能，求屈不能，进退无据，究归一去，而狼狈则已甚矣。何如坚持不下，必欲诛之，为光明正大也。此时大势已去，请诛不免于祸，请遣亦不免于祸，何为不请诛而甘受小人之愚？不胜牵制之辱，不大可嗤耶。刘、谢识力苍老，真可为万世法，若长沙者，保身家享富贵，以云善宦则神矣。若大臣之道，非愚所知也。孔子曰："所谓大臣者，以道事君，不可则止。"[②]孟子曰："异姓之卿，君有过则谏，反复之而不听，则去。"[③]此大臣律令也。舍孔孟之训，无乃

① 长沙指李东阳。其祖籍湖广长沙府茶陵。李东阳和刘健、谢迁都是明孝宗一手提拔上来的骨干大臣，三人共同辅佐明孝宗，励精图治，促进了明朝的发展。明孝宗死后，其子正德帝即位。当时正德帝年纪尚小，李东阳和谢迁、刘健三人受命为顾命大臣，共同辅佐正德帝。但正德帝顽劣不羁，对政事毫无兴趣，不重用李东阳、刘健、谢迁三位大臣，反而对自己幼时的玩伴刘瑾十分信任，最终造成了刘瑾的专权擅政。李东阳三人多次与刘瑾斗争，最后都是刘瑾凭借皇帝的宠爱获胜，在朝中的权势越来越大。事不可为，李东阳和刘健、谢迁三人于是上书请辞。后来刘健、谢迁二人都得到皇帝的恩准，只有李东阳一个人被留下来。

② 出自《论语·先进》。

③ 出自《孟子·万章下》。

为胡广之中庸[1]、冯道之长乐[2]欤？曰："否否，李公将委曲以济时也。"曰："此又愚之所未解也。"昔狄梁公[3]于武后，可谓辱身矣。然正言侃论，于群小[4]无所让。调护太子，武后为之感动，卒能反周为唐，李公能及其万一否耶？《实录》[5]谓东阳若去，搢绅[6]之祸不知何所底止。此又欺世之论也！武宗之荒淫，刘瑾之凶暴，李公何能阻其分毫？且此时搢绅之祸，自尚书都御史以下，罚米一千二千，以至三百五百者数百人矣，罄贷不充，有至死不宥。若运使杨奇鬻孙女，不足株累亲戚，如御史彭程者矣。科道查盘，以参官多纳贿重者为称职，否则必遭棰楚械系。史谓搢绅自相吞噬，衣冠化为豺狼矣。差官校察天下官罪，郡县馈赠，少不如意，辄怒詈无忌，至遭捶挞矣。御史邵清等杖二十、四十，无虚月矣。有荷枷部院门前，若御史刘寓生、郎中刘绎者矣。有奉差惧祸，自缢于公署，如给事中都夔、都给事中许天锡者矣。五年之中，破家冤死者不可胜数，搢绅之祸已不知所底止矣。李公拱手坐视而不敢异，偶申救一二人，遂诧以为善

① 胡广之中庸：胡广（91—172），东汉南郡华容人，字伯始。历事六帝官至极品，一生以奉行中庸之道著称。南朝宋范晔在《后汉书·胡广传》里用两句话作了概括。一句话是引京师谚语："万事不理问伯始（胡广字伯始），天下中庸有胡公。"另一句话是："汉兴以来，人臣之盛，未尝有也。"

② 冯道之长乐：冯道（882—954），字可道，号长乐老，瀛州景城（今河北省沧州市西北）人，五代宰相。后世史学家出于忠君观念，对他非常不齿，欧阳修骂他"不知廉耻"，司马光更斥其为"奸臣之尤"。

③ 狄梁公：狄仁杰（630—700），字怀英，并州晋阳（今山西省太原市）人。唐武则天时为宰相，力劝武则天复立庐陵王李显为太子。

④ 群小：出自《诗经·邶风·柏舟》，众小人的意思。

⑤ 《实录》：《明实录》，明代历朝官修的编年体史书。书中记录了从明太祖朱元璋到明熹宗朱由校共十五代皇帝、约两百五十年的大量资料。

⑥ 搢绅：宦官的代称。

类赖之，则张彩救吴廷举[①]，刘宇救王时中[②]，亦得为保全善类耶？至刘瑾欲逮刘健、谢迁，籍其家，东阳徐为劝解，乃止除名。夫数十年寮友，一言申救，亦人情之常，何容已。且谓逮死籍家，足为刘、谢惧耶。顾命大臣不能除君侧之恶，理宜以身殉之，若长孙无忌、褚遂良之谪死，乃其分也。即东阳不在，死于谨、芳[③]之手，刘、谢不怨也，分之正也。而谓免逮免籍为刘、谢称幸，愈益昧于大臣之义矣。且刘大夏不谪戍耶？秦纮不籍家耶？李公又何能一一救之？曰："否否，李公与小人同事，此李公所以为大也。磨不磷，涅不淄[④]，孔子所以为大也。是说也，误人尤甚。"《易》曰："大人否亨，不乱群也""嘉遁，贞吉，以正志也"。将谓孔子，遂与奸邪共事，甘悦取容而坐视其为乱耶？不避阳货矣，终不仕于货也。佛肸召，子欲往。公山弗扰召，子欲往矣，卒未尝往也[⑤]。盖始之欲往，以其犹知有善人，或可挽之以入于善。既而审其非我族类，则终不往矣。知孔子之欲往，而不知孔子之不往，此其为害不小也。且孟子谓"于季桓子，

---

① 吴廷举（1459—1528）：明代政治家、教育家。字献臣，晚号东湖。正德五年（1510），时任广东右参议、琼州兵备副使的吴廷举遭人陷害，蒙受不白之冤。刘瑾假传圣旨，对吴廷举百般折磨，欲置之死地。《明史》云："刘瑾矫诏，枷之十馀日，几死。"最后又因"刑部主事宿进为奏记张彩，乃得释"（《明史·列传·卷八十九》）。张彩为刘瑾心腹。

② 《明史》记载："刘瑾捕时中下诏狱，荷重枷于都察院门。时中病甚，其妻往省，遇都御史刘宇，哭且诟。宇不得已言于瑾，释之，谪戍铁岭卫。"（《明史·列传·卷九十》）

③ 《明史》记载："内阁焦芳、刘宇，吏部尚书张彩，兵部尚书曹元，锦衣卫指挥杨玉、石文义，皆为瑾腹心。"（《明史·列传·卷一百九十二》）

④ 出自《论语·阳货》"佛肸召，子欲往"一段。子曰："然，有是言也。不曰坚乎，磨而不磷？不曰白乎，涅而不缁？吾岂匏瓜也哉？焉能系而不食？"

⑤ 见《论语·阳货》。

见行可之仕”，是桓子于孔子有汲引之力矣[①]。以司寇摄行相事[②]，君相待之，不可谓不隆矣。即受女乐一事[③]，何不委婉开悟？姑置此而杂持其余，上不拂鲁君季孙之意，而已得优游保位，亦可小小有所匡救，岂非大圣人作用？乃不朝仅三日，遽不税冕而行。此特幸而出于孔子耳，使出于后人，必以为负君相之恩，弃可为之会，非迂执即褊浅[④]矣。学者诵法孔子，专称其猎较[⑤]，而不称其未尝三年淹直以同流合污，为无可无不可，此其害不细也。曰：“然则李公为何如人？”曰：“李公文章之士也。”与刘、谢同朝则著侃直之风，与芳、瑾为伍尽露委蛇之态，其不逮王文恪远甚。其声华素著，奖借后学，故一时后进竞为之掩饰，而且谥“文正”以欺后人，后人安可尽欺哉？杨文襄，功名之士也，以为将之智，用之为相，晚年欲以其术笼络张桂，而卒为所败坏，赍恨以死，智巧之不可恃，如此夫。

正德五年十一月，南京御史张芹言：“东阳谨厚有余，而正直不足，儒雅可观而节义无闻。先帝误以为贤，临崩以陛下托之，义当与陛下同休戚者也。刘瑾专权乱政，东阳为顾命大臣，若出力与争，彼亦必知所忌，或不幸得祸，亦不至死。东阳依阿顺从，唯唯听命，瑾谋逆既成。幸赖陛下

---

① 孟子说：“孔子有见行可之仕，有际可之仕，有公养之仕。于季桓子，见行可之仕也；于卫灵公，际可之仕也；于卫孝公（疑为卫出公），公养之仕也。”（《孟子·万章下》）所谓“行可之仕”，是指可以共同行道；“际可之仕”，是指礼遇不错；而“公养之仕”，则是指尊贤养士。显然，孟子认为季桓子与孔子情趣相投，志同道合，他们是可以共同行道的。

② 出自《孔子家语·始诛第二》：“孔子为鲁司寇，摄行相事，有喜色。”

③ 出自《论语·微子》：“齐人归女乐，季桓子受之，三日不朝。孔子行。”

④ 褊浅：心地、见识等狭隘短浅。

⑤ 猎较：争夺猎物。《孟子·万章下》：“孔子之仕于鲁也，鲁人猎较，孔子亦猎较。”赵岐注：“猎较者，田猎相较夺禽兽，得之以祭，时俗所尚，以为吉祥。孔子不违而从之，所以小同于世也。”后用以表示和众随俗。

英明，任用得人，潜消祸变，东阳得冒功以受赏。夫东阳受先帝之托，乃使瑾荼毒天下、谋危社稷，就使东阳能诛瑾，仅可赎罪耳。今赖他人之力以成功，又安攘之而受赏乎？臣窃见今之大臣，正直者多不容于瑾在之时，奸邪者多见黜于瑾诛之后。惟东阳始终无恙，而又屡邀恩赏，臣不知其何善为身谋如此也。”此疏可为定论矣。

读史质疑三

《宋史》有《道学传》[①]，惟《宋史》宜有之。周、程、绍先圣之绝绪，朱子集诸儒之大成，以《道学》立传，宜也。余则笃学如蔡西山父子[②]，高明如陆子静兄弟[③]，纯粹有用如真西山[④]，仅列之儒林。此为《宋史》者有识也。元儒如许

---

① 元代撰修《宋史》时，在《儒林传》外，另有《道学传》，列周敦颐、程颢、程颐、张载、邵雍、刘绚、李吁、谢良佐、游酢、张绎、苏昞、尹焞、杨时、罗从彦、李侗、朱熹、张栻、黄榦、李燔、张洽、陈淳、李方子、黄灏二十四人，选录其学说，叙述其事迹。道学为宋儒“性命义理”之学，以继承孔孟“道统”自居。

② 蔡西山：蔡元定（1135—1198），字季通，学者称西山先生，建宁府建阳县（今属福建省）人。蔡发之子。南宋著名理学家、律吕学家、堪舆学家，朱熹理学的主要创建者之一，被誉为“朱门领袖”“闽学干城”。幼从其父学，及长，师事朱熹，熹视为讲友。蔡元定博涉群书，探究义理，一生不涉仕途，不干利禄，潜心著书立说。为学长于天文、地理、乐律、历数、兵阵之说，精识博闻。著有《律吕新书》《西山公集》等。蔡元定父子祖孙一门“四世九儒”，四代共九位学术大家——蔡元定，元定之父蔡发，元定之子蔡渊、蔡沆、蔡沈，蔡渊之子蔡格，蔡沈之子蔡模、蔡杭、蔡权。他们亦官亦民，紫袍布衣，出贤入相，百年间精心著述，讲学布道，父死子继，代代相承；著书共48种，达200余卷，总称《蔡氏九儒书》。内容包罗万象，涉及理学、易象、天文、地理、医药、礼乐、兵制、度数等诸多学科领域，形成了以理学为核心的博大精深的系统学术体系。

③ 陆九渊之父陆贺，生有六子，九思、九叙、九皋、九韶、九龄和九渊，均学识渊博，号称“陆氏六杰”。九思，字子疆，中举后封从政郎，著有《家问》，为陆氏治家准则。九叙，字子仪，善于持家，以经营药铺为业，供全家各项费用，公正通敏，时人称为五九居士。九皋，字子昭，举进士，授修职郎，文行俱优，率诸弟讲学，学者称庸斋先生。九韶、九龄、九渊并称“三陆之学”，皆导源于九皋。

④ 真西山：真德秀（1178—1235），本姓慎，因避孝宗讳改姓真。始字实夫，后更字景元，又更为希元，号西山。福建浦城人。南宋后期理学家、大臣，学者称其为“西山先生”。真德秀的理学思想纯粹守正，人称“小朱子”，深受敬重。南宋庆元五年（1199）登进士第，官至户部尚书、参知政事，他为官清廉正直、爱国勤政，政绩颇为显著，在两宋“浦城七宰相”中最负盛名。

鲁斋[①]、刘静修[②]、吴草庐[③]、许白云[④]、金仁山[⑤]，皆有功圣

① 许鲁斋：许衡（1209—1281），字仲平，号鲁斋，世称“鲁斋先生”，河南省新郑市人。元代百科全书式的通儒和学术大师，与刘因、吴澄并称为元朝三大理学家。许衡勤读好学，躲避战乱，往来于河洛之间。师从姚枢及窦默，学习宋代二程及朱熹著作。元宪宗四年（1254），应忽必烈之召，出任京兆提学、国子祭酒。至元六年（1269），奉命联合徐世隆、刘秉忠制定仪官制度，为元代统治者策划“立国规模”。至元八年（1271），拜集贤殿大学士，兼领太史院事，配合郭守敬修成《授时历》。至元十七年（1280），因病归怀庆休养。至元十八年（1281）去世，时年七十三，赠荣禄大夫、开府仪同三司、太傅、司徒公、正学垂宪佐运功臣、魏国公，谥号“文正”。皇庆二年（1313），从祭孔庙。著有《读易私言》《鲁斋遗书》等。

② 刘静修：刘因（1249—1293），字梦吉，号静修，雄州容城（今河北省保定市容城县）人。元代儒学代表人物、理学大家、诗人。少有大志，熟习儒家经典，颇有名声。至元十九年（1282）应召入朝，为承德郎、右赞善大夫，以母病辞官。至元三十年（1293）病逝，谥号文靖。学问以朱熹为宗，不严守朱熹门户，主张“专务其静，不与物接，物我两忘”。

③ 吴草庐：吴澄（1249—1333），字幼清，晚字伯清，江西抚州崇仁人。元代杰出的理学家、经学家、教育家。自幼聪慧、勤奋好学，宋末中试乡贡。宋亡后隐居家乡，潜心著述，学者称其为“草庐先生”。元武宗至大元年（1308），被征召任国子监丞，至治元年（1321）任翰林学士；泰定元年（1324）为经筵讲官，敕修《英宗实录》。其核定《老子》《庄子》《大玄经》《乐律》《八阵图》等，对《易》《春秋》《礼记》及郭璞《葬书》均有纂言。元统元年（1333）病逝，追封临川郡公，谥“文正”。吴澄与许衡齐名，并称为“北许南吴”，以其毕生精力为元朝儒学的传播和发展做出了重要贡献。有《吴文正公全集》传世。曾著《列子解》，今已佚。

④ 许白云：许谦（1269—1337），字益之，婺州金华人，自号“白云”，世称白云先生。清人马平泉说他：“号称白云，盖取岭上多白云之意，其所以自怡悦者深矣！”以传授朱子理学著称于世，与理学家许衡并称“南北二许”。死后谥曰“文懿”；清雍正二年（1724）从祀文庙，列西庑先儒。学识渊博，天文、地理、典章、制度、食货、形法、文学、音韵、医经、术数，以及佛老，无不通晓，著述颇多。《元史》入《儒林传》。

⑤ 金仁山：金履祥（1232—1303），字吉父，号次农，自号桐阳叔子，兰溪人（今浙江省兰溪市）。宋元之际的学者。为浙东学派、金华学派的中坚，“北山四先生”之一，学者尊称为仁山先生。

门，而许为最，然终不敢比于程朱，故不立《道学传》。此为《元史》者有识也。若有明一代，堪立《道学传》者谁乎？纯正如曹月川[①]、薛文清[②]，不能过真西山、许鲁斋，而光芒横肆如阳明者，假孔孟以文禅宗，借权谋以标道德，破坏程朱之规矩，蹂躏圣贤之门庭。嘉隆而下，讲学者遍天下，人人各树宗旨，卒之纳降于佛老，流遁于杂霸，总以成其争名利攘富贵之私，辱圣门甚焉。而溯其原始，阳明实为首祸。如此而列之《道学》，恐天下后世稍知圣人之道者，必以史臣为无识矣。愚故疑《道学传》可不立也。

---

① 曹月川：曹端（1376—1434），字正夫，号月川，河南渑池人。明初著名的学者、理学家。上尊朱熹，提出了“理驭气”说，倡导理学正统。其学以躬行实践为务，而以存养性理为大端，对理学重要命题多有修正、发挥，被论者推为“明初理学之冠”。

② 薛文清：薛瑄（1389—1464），字德温，号敬轩，山西河津人（今山西省运城市万荣县）。明代著名思想家、理学家、文学家，河东学派的创始人，世称“薛河东”。永乐十九年（1421）进士，官至通议大夫、礼部左侍郎兼翰林院学士。天顺八年（1464）去世，赠资善大夫、礼部尚书，谥号文清，故后世称其为“薛文清”。隆庆五年（1571），从祀孔庙。薛瑄继曹端之后，在北方开创了“河东之学”，门徒遍及山西、河南、关陇一带，蔚为大宗。其学传至明中期，又形成以吕大钧兄弟为主的“关中之学”，其势“几与阳明中分其感”。清人视薛学为朱学传宗，称之为“明初理学之冠”，“开明代道学之基”。高攀龙认为，有明一代，学脉有二：一是南方的阳明之学，二是北方的薛瑄朱学。可见其影响之大。其著作集有《薛文清公全集》四十六卷。

读史质疑四

阳明宜立何传？曰：功在社稷，子孙世封[①]，列之《功臣传》宜也。曰：阳明倡明绝学，其徒以为滴血。明宗独得先圣不传之秘，尔何知而妄诽若是？曰：愚读《论语》《孟子》，惟曰文行忠信、诗书执礼、多闻择识、博文约礼、博学详说，未尝一言及于高妙。其功积力久、悟及一贯者一二人，而其余谨守成法，诵诗书、习礼乐，为孝悌谨信之人，天下所以多善人也。要之悟一贯者，心知性命之妙，而不必言；即未悟者，自恂恂于出入孝弟之间，莫非性命之流行，亦不待言也。象山、阳明必先提所谓"本心""良知"者，举此以致之于事物，而以下学讲习为支离无本领，其亦舛矣。盖象山、阳明之说禅门，直指人心之说也，圣门无是也。特以身为儒者，不敢显然谈禅，而借孟子之"本心""良知"以附会其说。不知孟子所谓"本心""良知"者，孩提爱敬、恻隐羞恶之类，必待察识扩充、深造自得学问之事尚多。未尝曰：耳本自聪，目本自明，六经皆我脚注也。又未尝曰：致此良知于事物之间，不待即物而穷理也。夫无问学积累之力，而直提此心为主，以为施之而无不可，其不至偏陂[②]放诞者几希[③]。象山门人今日悟道，而明日醉酒骂人，正坐此弊。而犹曰："吾独得孔子之学。"诬罔不已甚乎？愚谓"假孔孟以文禅宗"者，此也。阳明恐人攻己，则援古本《大

① 世封：即世袭封建。

② 偏陂：偏颇，邪僻。

③ 几希：不多，一丁点儿。

学》以为据，此挟天子令诸侯之智也。著《朱子晚年定论》，此以敌攻敌之术也。以行兵之权谋，用之于讲学，其心术险谲，而技穷可知。愚谓“借权谋以标道德”者，此也。弘治以前，天下谨守程朱之教，纲纪肃于上，廉隅励于下，风俗号为“淳美”，无敢一言谤议者。至阳明，始肆然与之为难，明斥程朱之非，四书五经尽改面目，遂若朱子无一言之可存者，其徒乐其诞而自便也。人人争为新奇之论，以扬其波而鼓其焰，圣门温良恭让之气象，儒者读书修身循循善诱之遗矩，荡然无存。于是人心乖张，发政害事，至于崩溃坏烂而后已。夫弘正以前，尊程朱之教若彼；隆万以下，毁程朱之祸若此。朱陆得失，关乎治乱，彰彰较著[①]。而说者欲调停而两存之，不亦谬乎？弘治已未，阳明成进士。其年六月，孔庙灾。九月，建阳书坊灾。盖阳明之出，孔朱之厄也。天象昭著，人不及知耳。愚谓“破坏程朱之规矩，蹂躏圣贤之门庭”者，此也。曰：《中庸》不言性命乎？尔何病乎？阳明曰：圣贤言性命，有惕然戒惧勉勉下学之心焉。象山、阳明言“本心”、言“致知”，则侈然自大，侮圣蔑经矣。且人心险恶，圣人谓之“惟危”[②]，诗书名教，防此人心，犹惧不足。而忽有为任心之学者，为之诽斥先贤，非毁往训，使人皆自任其聪明，此甚便于不肖之心，明人欲所以横流也。若阳明者，亦开阡陌、废封建、焚诗书、隳名城之徒耳。故阳明之出，圣道之厄也。曰：阳而自言其所悟也，尔何为以禅诬之？曰：阳明言“知善知恶是良知”是矣，谓“为善去恶是格物”已牵强不伦，犹未甚害于理也。必曰“无善无恶心之体”，其徒遂举意知物，悉以无贯之，谓无善恶为秘旨，知善恶为权教，诧为天机漏泄，颜子明道所不敢言，何无忌惮之甚也。

---

① 彰彰较著：指事情或道理极其明显，很容易看清。

② 出自《尚书·大禹谟》：“人心惟危，道心惟微，惟精惟一，允执厥中。”

夫“无善无恶”，不过如所谓不思善、不思恶，是明上座本来面目也，非禅而何？且阳明之学，好高求胜，以为“良知”之说高出程朱之上矣，但所谓“良知”正佛氏所呵为昭昭灵灵，第八识不断为生死根本者，恐其见嗤于禅人也，故又言“无善无恶”以盖之。而其徒遂显然言禅言仙，谓“良知”二字足以贯通三教。噫！此又鄙俚之甚，经书传注所未有也。夫窃“良知”之说以胜诸儒，又窃“无善无恶”之说以敌佛氏，此其用心亦劳矣。而究为佛氏所不许。徐存斋谓龙溪八十老翁，舍不得良知，终不济事，欲了生死，须看话头。存斋服膺阳明，而其言如此，正禅家所讥“儒门淡泊收拾不住”[①]者。阳明欲以无善恶屈天下，而学佛者终不之许也。然则阳明欲为儒而显叛夫儒，欲窃佛而见嗤于佛，两无所容，而邪遁之苦亦已甚矣。故隆万之初，天下学者群然学佛，不屑言“良知”。其谨愿者，受戒、持咒、礼经忏，求西方修比丘之行。而黠者掉机锋、恣横议，沿李贽之余唾，不以孔子之是非为是非，其高者脱略职业以歇睡名庵，而卑者日沉迷于酒色名利，以为才情真率。当是时，几案有《楞严》《南华》[②]者为名士，挟妓呼卢[③]、裸而夜饮者为高致，抗官犯上、群噪而不逊者为气节，矫诈嗜杀、侥幸苟利者为真经济，谨纲常、重廉隅者为“宋头巾”。举天下庠序之士如沸如狂，入则诟于家，出则哗于朝，闯献之形，日积于学士大夫之心术，而

---

① 据宋代志磐《佛祖统纪》卷四十五记载，荆公王安石问文定张方平曰：“孔子去世百年而生孟子，后绝无人，或有之而非醇儒。”方平曰：“岂为无人，亦有过孟子者。”安石曰：“何人？”方平曰：“马祖、汾阳、雪峰、岩头、丹霞、云门。”安石意未解。方平曰：“儒门淡薄，收拾不住，皆归释氏。”安石欣然叹服，后以语张商英，抚几赏之曰：“至哉，此论也！”

② 《楞严》《南华》：指《楞严经》《南华经》。

③ 呼卢：古代一种赌博游戏。共有五子，五子全黑的叫“卢”，得头彩。掷子时，高声喊叫，希望得全黑，所以叫“呼卢”。

天下不可为。故高谈必趋于佛老，佛老必趋于夸诈，夸诈必趋于杀戮。阳明一出，而尽变天下之学术，尽坏天下之人心，卒以酿乱亡之祸。彼乃以天下崇尚朱学比于崇杨墨，指正学为洪水猛兽，欲身起而救之，不自知其为倡乱之首。悲夫！我朝鼎新文教，始有倡明程朱之学者，而论者犹曲为阳明讳，欲挽朱陆而一之，此不深究其本末，徒为世俗瞻循之态，非所语于学也。有识者将黜阳明之从祀，何《道学传》之有？

读史质疑五

神宗之不蚤建东宫也，起于一念。晏溺之私，酿为数十年水火之祸，甚矣人心不可有所偏系也。然愚尤有憾于当日之为臣者。凡处人，父子之间最为不易。申、王二辅委婉密陈，宜也。诸臣群然而噪于廷，何为乎？诸臣自负忠义，谓于太子有翼戴[①]功，而未知所以处。神宗不思父子天性本不容伤，而必欲迫其君以不敢不立。故神宗耻于挟制，几至决裂，则诸臣贪功之过也。且欲忠其子而致仇其父，视神宗、贵妃、福王不啻若敌国，然知君臣父子之伦、有忠诚肫[②]爱之心者，果若是乎？自学术不正，人心乖张，其号为君子者，喜事好争，不复知有恻怛平情之论，而所遇者天下国家最难区处之事，安望其不至于决裂而糜烂也？犹幸而神宗父子天性皆宽厚，使神宗为猜忌之主，则诸臣速太子之死；太子为残忍之性，则诸臣起弑废之端。其幸而不至有此祸者，神宗、光宗慈孝之故也。至于名位久定，猝有张差之事[③]。为轲政之谋者，拙不至此。风颠蔽辜、深得国体，而好事者又从而深文焉。果若所云，必将执郑妃于君侧，废福王之封，灭郑氏之族，然后为尽春秋之法。而太子何以见其父，神宗何以

① 《左传·昭公九年》："文之伯也，岂能改物？翼戴天子，而加之以共。"《汉书·晁错传》："辅天子之阙，而翼戴汉宗也。"

② 肫：诚恳、真挚。

③ 张差之事：明神宗万历四十三年（1615）五月初四酉时（下午5时至7时），张差持枣木棍进入紫禁城东华门（无人阻拦），来到太子朱常洛（明光宗）居住的慈庆宫前，打伤守门太监李鉴，直闯至慈庆宫前殿，被闻声赶来的众太监捕获。参见顾秉谦等：《明神宗实录》卷之五百三十二，北京大学出版社，1990。

安其子，诸君子不顾也，可谓之爱太子乎？夫保护元子，不使君有废长立幼之失，而已不居其名，此忠臣之用心也。以保护元子为名，而必欲彰其君宫闱之私，使之父子兄弟不能相保，伤人骨肉之恩，成己名利之计，此忮心[①]所发耳，非忠臣所为也。况踵事深文，因之为门户，宁丧国而不悔为小人者，无足怪矣。不知当日之君子，诚何心也？若世移代远，前人之梦已断，而尚论者欲代为之续梦焉？又愚之所未解也。

① 忮心：嫉恨之心，妒忌之心。

跋

右《读史质疑》五篇，皆端本澄源之论，末一篇言万历间争国本、争梃击之事，谓当日诸君子，不免过于深文，无以处神宗，皆由学术之疏，此论亦甚正。又论国本，以委婉密陈者为宜；论梃击，以风颠蔽辜为深得国体，此则有说焉，读者不可以文害辞。先生之意，非谓主委婉、主风颠者，贤于深文诸君子也。天下固有议论非而心术光明者，有议论是而心术晻昧者。自学术既坏，一二正人君子，虽怀忠义之心，而议论偏拗，适为晻昧者借口。此所谓“五谷不熟，不如荑稗”[①]也。然荑稗岂得遂傲五谷耶？彼留侯之招四叟、田叔之烧狱辞，皆君子事也，非当日诸臣所可附会。先生盖叹息痛恨于阳明之学，败坏人材酿成世祸。惜五谷之美种不熟，岂为荑稗左袒哉！

陆陇其跋

① 出自《孟子·告子上》：“五谷者，种之美者也，苟为不热，不如荑稗。夫仁亦在乎熟之而已矣。”荑稗，田里的杂草，比喻事情不成功不如不做。宋俞德邻《熟斋铭》：“五谷不熟，不如荑稗。仁在乎熟，传有明戒。造次无忘，夙夜匪懈。如行万里，有进无退。真积力久，德盛仁熟。”

提　要

国朝张烈撰。烈有《读易日抄》，已著录。是书攻击姚江之学，凡分五篇，一辨"性即理"之说，一辨"致知格物"之说，一辨"知行合一"之说，一为杂论，一为总论。其附录则首为《朱陆异同论》。次为《史法质疑》，通论史体。次为《读史质疑》五篇，一论明孝宗时阉宦之势；一论李东阳之巧宦；一论《宋史》以外不当滥立《道学传》，亦为王学而发；一论王守仁宜入功臣传，而以明之乱亡全归罪于守仁；一论万历时争东宫、争梃击诸臣之非。

当王学极滥之日，其补偏救弊，亦不为无功。然以明之亡国归罪守仁，事隔一百余年，较因李斯而斥荀卿，相距更远，未免锻炼周纳。夫明之亡，亡于门户。门户始于朋党，朋党始于讲学，讲学则始于东林，东林始于杨时，其学不出王氏也。独以王氏为祸本，恐宗姚江者亦有词矣。至以守仁弘治己未登第，是年孔庙灾，建阳书院亦火，为守仁所致之天变，尤属凿空诬蔑。是皆持之过急，转不足以服其心者也。若梃击一案，当以孙承宗"事关国本不可不辨，事关宫闱不可深辨"之说为正。而烈以抗论诸臣多出王学，遂谓主疯颠者为是。殊不思福王夺嫡，途人皆知，即事关郑妃，不能行法，亦不可无此穷究之论，坐罪于其羽翼，以阴折再发之逆萌。如其默默相容，仅以疯颠坐张差，则彼计得逞，可以坐擅天下。即计不成，不过仅捐一刺客，何惮而不重试乎？故诸臣之争，虽明知其不行，而于事不为无益，未可党同伐异，颠倒天下之是非也。陆陇其跋，于此条再三剖析，盖亦深觉其失矣。

夫学以克制其私也。烈所云云，于门户之私其尚有未能克制者乎？

《四库全书总目提要》卷九十七